ÉTUDE

SUR LES

CHANGEMENTS DE VOIES

PAR

M. Ch. RICHOUX

Ancien élève de l'Ecole centrale

(Extrait des Mémoires de la Société des Ingénieurs civils.)

PARIS

IMPRIMERIE DE CHARLES JOUAUST

RUE SAINT-HONORÉ, 338

1858

ÉTUDE

SUR LES

CHANGEMENTS DE VOIES

V

183 — PARIS, IMPRIMERIE CHARLES JOUAUST

338, rue Saint-Honoré.

ÉTUDE

CHANGEMENTS DE VOIES

PAR

M. Ch. RICHOUX

Ancien élève de l'École centrale

(Extrait des Mémoires de la Société des Ingénieurs civils.)

PARIS

IMPRIMERIE DE CHARLES JOUAUST

RUE SAINT-HONORÉ, 338

—

1858

TABLE DES MATIÈRES.

ÉTUDE

SUR LES

CHANGEMENTS DE VOIES

INTRODUCTION.

Les dernières statistiques publiées par le Ministère des travaux publics font voir que les changements de voies ont produit, dans une période de 13 ans, les $\frac{19}{100}$ des déraillements ou chocs arrivés sur les chemins de fer, ou les $\frac{25}{100}$ du nombre d'accidents afférents au mauvais état de la voie (1). Elles montrent aussi que le prix de revient des changements de voies est d'environ 1200 fr. par kil. (2), soit pour les 7452 kilomètres livrés à l'exploitation une somme de 8,942,000 fr. ; quant à la dépense d'entretien et de renouvellement, on peut l'évaluer sans exagération aux $\frac{15}{100}$ de la dépense de l'établissement, soit pour les lignes exploitées une somme an-

(1) Les accidents arrivés sur les chemins de fer français, du 7 septembre 1835 au 31 décembre 1854, peuvent se classer comme suit :

    88 déraillements ou chocs occasionnés par le matériel ;

    67 déraillements provoqués par la rupture des rails ou des coussinets ;

    24 déraillements produits par des changements de voies ;

et   113 chocs causés par le jeu défectueux des aiguilles.

(2) Le prix de revient d'établissement des changements de voies, évalué au kilomètre, est de 2121 fr. sur le Nord, de 1145 fr. sur Orléans et ses prolongements, de 1100 fr. sur l'Est.

nuelle de 1,341,300 fr. (1). L'importance de ces nombres nous a paru démontrer l'utilité d'une étude analytique des différents systèmes de changements de voies employés sur les chemins de fer français ou étrangers, dans le but d'arriver à la connaissance du système d'appareil le plus convenable, tant pour éviter les causes d'accidents que pour réduire au minimum la dépense afférente à ce chapitre du budget des chemins de fer. C'est l'ensemble de cette étude qui forme l'objet du présent mémoire.

CHANGEMENTS DE VOIE.

Un changement de voie est un appareil destiné à mettre en communication deux ou plusieurs voies, de telle sorte qu'un train puisse passer de l'une à l'autre sans qu'il y ait lieu de séparer les véhicules (fig. 1, pl. 1).

Il se compose de rails disposés d'une manière spéciale pour diriger le train sur l'une des voies qu'il s'agit de réunir, et pour ménager le passage du boudin des roues aux points où les voies se coupent.

La disposition qui sert à donner aux trains la direction convenable constitue ce qu'on appelle le *changement*. Celui-ci est à deux ou trois voies, suivant le nombre des voies qu'il réunit.

L'arrangement spécial des rails aux points d'intersection des voies forme ce qu'on nomme le *croisement*.

On a donné le nom de *traversée* au croisement spécial résultant de l'intersection de deux voies qui ne sont pas reliées entre elles par un changement.

---

(1) L'entretien des changements de voies sur le réseau d'Orléans s'est élevé, de 1849 à 1852, à 35 fr. environ par kilomètre, ou à 29 fr. par changement, non compris le renouvellement des rails, coussinets et coins. Quant au renouvellement, la dépense en est très variable. Dans certaines gares, les aiguilles, les pointes et les contre-rails de pointes, en fer, ne durent que deux ou trois semaines; dans d'autres, leur durée est de cinq à six ans.

Changements à rails mobiles pour terrassements.

La disposition la plus simple qu'on puisse employer pour former un changement de voie consiste à rendre mobiles autour de leurs extrémités *a* (fig. 2) les rails qui précèdent la bifurcation, de manière à pouvoir les amener en face de l'une ou de l'autre des voies qu'il s'agit de desservir.

On assure la sécurité de la manœuvre en entretoisant ces rails mobiles ou aiguilles de manière à ce que leur écartement soit toujours égal à la largeur de la voie.

On voit que cette disposition peut s'appliquer, quel que soit le nombre des voies à raccorder.

Quand l'aiguille est prise dans un rail à double champignon, son axe de rotation se forme à l'aide d'un boulon vertical, ou plus simplement en fixant par une seule chevillette les coussinets du talon.

Quand l'aiguille est formée par un bridge-rail, ou un rail Vignole, son pivot est disposé comme l'indique la fig. 3.

A, disque en tôle rivé à l'extrémité de l'aiguille.

B B, tôle emboîtant le disque A; C D, E F, plates-bandes recouvrant le disque pour empêcher son soulèvement.

Inconvénients des changements à rails mobiles.

On voit que si les aiguilles ne sont pas convenablement posées il y a déraillement, quel que soit le sens de la marche des trains.

Pour remédier à cet inconvénient, on forme l'aiguille avec deux rails parallèles (fig. 4). De cette manière, les trains marchant de A vers B trouvent toujours une voie continue; mais il y a encore lacune et déraillement lorsque les trains, venant de B vers A, trouvent les aiguilles mal placées.

Changement à rails mobiles et à contre-rails fixes.

M. Poiret a proposé une disposition qui permet de faire disparaître cette cause de déraillement. A cet effet, il adapte aux coussinets de glissement de l'appareil (fig. 5) un contre-rail fixe *al*, dont le niveau est supérieur à celui des aiguilles.

Il résulte de cette disposition qu'un train allant de B vers C sur la voie déviée *cd*, *ef*, a les boudins de ses roues pris entre le contre-rail fixe et les aiguilles : pour continuer sa marche, il est donc obligé de déplacer ces aiguilles et de les ramener à la position convenable. Mais il faut remarquer que ce déplacement est produit par l'action du boudin des roues, et qu'il change de grandeur avec l'épaisseur très variable de ces mêmes boudins. Il pourra donc arriver que le rail *g h* faisant suite au changement, ne soit pas entièrement masqué par l'aiguille ; ce fait engendrera des chocs et pourra causer des déraillements.

En résumé, ce changement, qui a pour avantages de ne faire servir à la confection des aiguilles que des rails non rabotés et de les soustraire à l'action destructive des bords des bandages, paraît d'un emploi dangereux sur les voies parcourues à grande vitesse.

Changement à contre-rails mobiles.

Les déraillements possibles avec le changement à rails mobiles étant dus à l'interruption des rails de la voie, on a cherché un système qui fît disparaître cette interruption. A cet effet, on a posé sans lacune les files de rails *a*, *b*, *c*, *d*, *e*, *f* (fig. 6), extérieurs aux deux voies, puis on a prolongé les files de rails intérieurs *l m*, *n p*, jusqu'à ce que leur distance aux deux premières fût justement suffisante pour laisser le passage du boudin des roues ; enfin l'on a dirigé les trains sur l'une ou l'autre des voies au moyen de deux aiguilles GG' HH' en fer à cornières recourbées à leurs deux extrémités, et mobiles autour des boulons *o o'*. Les aiguilles sont plus hautes que les rails de H en *r* et de G en *r'* ; mais à partir de ces points elles s'infléchissent pour former un plan incliné, ainsi que le montre la coupe A B.

Lorsque les aiguilles occupent la position indiquée par les lignes pleines, le convoi, marchant de *d* vers *f*, reste dirigé sur la voie droite; lorsqu'elles occupent la position figurée en lignes ponctuées , le convoi prend la voie courbe ou déviation.

Pour se rendre compte de cet effet, considérons une paire de roues A B placée sur la voie unique V V', et marchant de a vers c. Si les aiguilles sont disposées comme l'indiquent les lignes ponctuées, le boudin de la roue arrivé en tête de l'aiguille sera dirigé par celle-ci le long du rail a, b, c, de la voie courbe; la roue B, fixée sur le même essieu que la première, suivra la file de rails n p parallèle à b, c, et le train tout entier s'engagera sur la déviation.

Au lieu de marcher de a en c sur la voie unique, le train pourrait être dirigé de c vers a sur la déviation : voyons ce qui se passerait alors si les aiguilles étaient placées comme le montrent les traits pleins de la figure.

Le boudin des roues, arrivé en n, rencontrerait le plan incliné H'r, monterait dessus, puis tomberait dans l'ornière qui existe entre l'aiguille et le rail pour reprendre sa marche en ligne droite. En général, ce passage a lieu sans déraillement, mais on ressent toujours une forte secousse.

Ces appareils sont ordinairement posés en déviation, mais il arrive quelquefois qu'on est obligé de les poser à la jonction de deux voies courbes d'un petit rayon; dans ce cas, les déraillements sont à craindre. On voit, en effet, qu'un véhicule marchant à grande vitesse sur le plan incliné de l'aiguille ne rencontrera aucun obstacle capable de combattre l'action de la force centrifuge. Cette force tend à le faire marcher en ligne droite, c'est-à-dire à lui faire franchir l'ornière; et celle-ci, prise presque perpendiculairement, ne laisse qu'un espace trop étroit pour loger les boudins des roues, qui la franchissent et produisent le déraillement.

Il convient donc, dans l'intérêt de la sécurité de la marche des trains, d'éviter autant que possible la pose de ces aiguilles sur des voies courbes , et de les placer toujours de manière à ce que les rails fixes, l m, n p, se trouvent pris par la pointe pour le sens ordinaire de la marche des trains.

Comparaison des changements à rails et à contre-rails mobiles.

Quand on compare cet appareil et le précédent, on voit qu'ils agissent d'une manière très différente sur les roues. En effet, les aiguilles dirigent les véhicules en portant une des files de roues, tandis que les contre-rails les conduisent sans rien porter.

Dans le premier cas, les tringles d'écartement entraînent l'aiguille qui n'est pas chargée; dans le second cas, elles ont à résister aux efforts qu'exercent les véhicules dont on veut changer la direction; les unes, n'éprouvant aucune fatigue, n'ont pas besoin d'entretien; les autres, tendant à s'écraser et à disloquer les assemblages, exigent des soins continuels; car si le jeu qu'elles peuvent prendre devenait suffisant pour démasquer la pointe, il y aurait déraillement.

D'un autre côté, les contre-rails ne rachètent sur la déviation qu'une ordonnée de $0^m.055$, c'est-à-dire l'espace strictement nécessaire au passage du boudin des roues, augmenté de l'épaisseur de la pointe, tandis que les aiguilles ont à racheter cette même ordonnée augmentée de leur propre épaisseur, soit $0^m.11$; ainsi, à égalité de longueur, la déviation produite par les contre-rails est beaucoup moins brusque que celle donnée par les aiguilles : par suite, quelques ingénieurs ont une tendance à revenir à ces premiers appareils; mais cette tendance est mal justifiée, puisqu'on peut toujours augmenter la longueur de l'aiguille effilée.

Changement de STEPHENSON à une seule aiguille.

Pour diminuer les chances de déraillement dues au système de changement que nous venons de décrire, Stephenson a eu l'idée d'immobiliser l'une des aiguilles H H', de supprimer l'autre G G', d'allonger le rail $l\,m$ et de lui donner un mouvement de rotation autour du point m, constituant ainsi l'appareil (fig. 7).

Le rail A B est entaillé de manière à recevoir l'aiguille G H et lui conserver une force suffisante, malgré l'amincissement qu'on lui fait subir.

Le contre-rail C D est évasé à ses extrémités, d'une part, pour diriger le boudin des roues et garantir des chocs la pointe de l'aiguille; d'autre part, pour protéger dans le sens de la marche inverse l'enclave de l'aiguille qui se présente en saillie devant le boudin de la roue et peut la faire sauter par-dessus le rail.

La manœuvre s'opère à l'aide d'un levier à contre-poids qui tient l'aiguille constamment appliquée contre le rail A B.

Avec cette nouvelle disposition, un train marchant sur la voie unique vers la bifurcation se trouve dirigé sur la voie oblique.

Lorsqu'on veut le faire passer sur la voie droite, on soulève le levier de manœuvre pour amener l'aiguille à la position indiquée en ponctués.

Dans la marche en sens inverse, le train qui suit la voie oblique passe sans obstacles, et l'aiguilleur n'a pas besoin de tenir l'aiguille ouverte : s'il prend la voie droite, le passage s'opère encore sans difficulté, les boudins des roues écartant l'aiguille en soulevant le contre poids. Dans l'un et l'autre cas il n'y a pas de déraillement.

Cet appareil a les défauts suivants :

La pointe fixe, très effilée, n'a pas une section suffisante pour résister à la pression des roues qu'elle doit porter et s'écrase promptement.

La lacune qui suit la pointe est très large, elle se présente dans toute son étendue lorsque les wagons suivent la voie rectiligne; les bandages, n'étant plus supportés, tombent, et l'on reçoit une forte secousse.

Changement à aiguilles inégales.

Cette considération a conduit à remplacer la pointe E F par une aiguille analogue à la première, mais plus courte, c'est-à-dire à l'appareil (fig. 8) qui est encore appliqué aujourd'hui.

L'aiguille, comme l'indique la figure, n'a pas partout la même section; elle est rabotée en biseau à son extrémité, de façon à se loger dans le rail sans faire saillie sur l'enclave.

Pour ne pas trop affaiblir le rail, on ne donne à l'enclave qu'une argeur de **10** à **15** millimètres.

Inutilité du contre-rail.

Nous verrons plus loin qu'on est parvenu à supprimer l'enclave destinée à loger l'extrémité de la grande aiguille; dès lors le contre-rail, destiné à protéger cette enclave, est devenu sans objet.

Cette inutilité était d'ailleurs complétement démontrée par le changement symétrique et par le changement à trois voies, dans lesquels il y avait plusieurs enclaves, mais où l'incompatibilité du jeu des aiguilles et du contre-rail avait fait renoncer à son emploi sans que cette circonstance eût amené d'accidents.

Le contre-rail est inutile, il est même souvent nuisible; en effet, pour qu'il soit efficace, sa distance au rail de la voie ne doit pas dépasser $0^m.05$; or, avec les machines actuelles, dont l'écartement des essieux atteint jusqu'à $5^m.40$, la déviation ne peut être suivie sans que la locomotive pivote autour de sa paire de roues moyennes; dans ce mouvement une des roues d'arrière vient buter sur le contre-rail, et une des roues d'avant est portée vers le rail; dès lors, si la déviation est d'une forte courbure, le bâti de la machine agit comme un ressort et tend, soit à faire sauter les roues d'avant pardessus le rail, soit à briser celui-ci; dans l'un et l'autre cas il y a déraillement.

Nous avons montré comment, par une série de modifications apportées au changement à deux voies, on avait été conduit au changement à deux aiguilles inégales (fig. 8).

Changement à aiguilles égales.

La tendance actuelle est de remplacer ces appareils par des changements à aiguilles égales.

Ce remplacement est toujours possible, pourvu que la distance qui sépare le rail du talon de l'aiguille ne soit pas trop grande.

On a repoussé cet emploi en se fondant sur le raisonnement suivant :

« Supposons qu'une petite pierre se trouvant sur la voie ait empêché la fermeture complète de l'aiguille, ou bien que les deux aiguilles se tiennent dans une position intermédiaire entre les deux positions normales, ou encore que le mécanisme rouillé ne fonctionne qu'imparfaitement.

Le bourrelet de la paire de roues placée en tête de la machine s'engageant alors derrière l'aiguille de la voie oblique, et sur la voie rectiligne, poussera cette aiguille de ce côté, et la petite aiguille, suivant la grande, viendra s'appliquer contre le rail fixe.

La roue jumelle, ne rencontrant alors la pointe de la petite aiguille que lorsque la première roue aura dépassé celle de la grande, marchera sur la voie rectiligne aussi bien que l'autre. Si, au contraire, les deux roues arrivent en même temps vis-vis-vis des pointes des deux aiguilles, l'une suivra la voie rectiligne et l'autre la voie courbe. »

Cette objection n'est pas d'une valeur absolue, car il y a presque toujours des agents spéciaux pour la manœuvre des aiguilles, et lorsqu'il n'y en a pas, c'est que le changement est placé sur la voie principale, loin d'une station, et alors on fixe le levier de manœuvre par une chaîne cadenassée, de manière à fermer la voie déviée, sans mouvement possible des aiguilles.

Les changements à aiguilles inégales doivent toujours être posés de telle sorte que la petite aiguille soit sur la voie droite ; s'il en était autrement, la déviation serait trop brusque et pourrait donner lieu à des déraillements. On est donc forcément obligé d'avoir recours au changement à aiguilles égales lorsqu'on doit réunir deux voies courbes de sens contraire.

Ce changement à aiguilles égales s'appelle aussi *changement symétrique* par opposition au premier, qu'on nomme *déviation*.

Lorsque, dans un changement à aiguilles inégales, la voie droite est plus parcourue que la voie déviée, la petite aiguille, placée sur la voie droite, dure plus longtemps que ne le ferait une grande, attendu qu'elle est moins affaiblie par le rabotage; mais cet avantage est en partie contrebalancé par l'élargissement de la voie (fig. 9), qui donne lieu à des chocs.

En résumé, le changement à aiguilles égales n'ayant pas d'inconvénients bien réels, et permettant de réduire à un seul type tous les changements qui entrent dans la construction des voies, presque toutes les compagnies adoptent exclusivement ce système.

Changement pour embranchements à aiguilles rabotées.

Lorsqu'une déviation doit être passée en vitesse, on la rend moins brusque en augmentant la longueur des aiguilles; mais comme la longueur du rabotage suit la même progression, la résistance des aiguilles est notablement diminuée; et l'on est conduit à les armer d'une cornière (fig. 10) qui empêche leur voilement : car il faut observer que, lorsque les machines ouvrent les aiguilles en les abordant par le talon, l'une de ces aiguilles se déplace tout en portant les roues qui cheminent sur elle.

M. Flachat a adopté cette disposition pour le raccordement des chemins de fer de Versailles R. D. et R. G. à Viroflay : la grande aiguille a 7 mètres, la petite 5 mètres.

Changement pour embranchements à rails mobiles.

Le problème a été résolu autrement sur la ligne de Saint-Germain, du temps où cette ligne et celle de Versailles R. D. avaient une voie de départ commune se bifurquant à Asnières (fig. 11) et deux voies de retour placées à droite et à gauche de la voie d'aller.

Le changement adopté par M. Clapeyron fut le changement à rails mobiles (fig. 4`; cet appareil permit de produire la déviation sans changer le rayon des courbes de la voie, qui était de 1000^m, tout en supprimant le rabotage des aiguilles.

Il est à noter que ce changement n'a jamais occasionné de déraillements, malgré les nombreuses manœuvres qu'il a dû effectuer, principalement les jours de fêtes à Asnières.

Cette disposition pourrait encore s'employer, dans les chemins actuels, à la bifurcation de *la voie de départ* d'une ligne à deux voies.

Les deux changements que nous venons de décrire ont disparu dès que les lignes de Versailles R. D. et de Saint-Germain ont eu chacune leur voie de départ.

RABOTAGE DES AIGUILLES.

Rabotage avec rail entaillé.

Les premières aiguilles étaient rabotées dans toute leur hauteur et sur les deux faces; on protégeait leur pointe en entaillant de 15 à 20 millimètres le rail voisin (fig. 15, pl. 2).

Rabotage avec rail contre-coudé.

Lorsqu'on a voulu supprimer le contre-rail protecteur de l'enclave, on a contre-coudé le rail adossé à l'aiguille (fig. 16); mais cette disposition aussi bien que la précédente donnent lieu à des chocs à la pointe.

Rabotage WILD.

Wild fait disparaître tous les inconvénients inhérents à ces deux systèmes de rabotage, en coupant l'aiguille de telle sorte que son extrémité puisse se loger sous le champignon du rail pour n'apparaître dans le plan de roulement qu'au point où sa section devient suffisante pour résister à l'action des roues (fig. 17).

Rabotage RICHARDSON.

Dans le même but, Richardson a imaginé d'infléchir l'extrémité de l'aiguille dans un plan vertical, pour loger ses deux champignons sous ceux du rail (fig. 18 et 19). Il obtient ainsi une augmentation de section dans la partie rabotée des aiguilles à champignon bien épaulé (fig. 18); mais, pour les autres formes d'aiguilles, la portion du champignon restant après le rabotage ne tient au corps du rail que par une bande de métal de 3 à 4 millim. d'épaisseur (fig. 19), de telle sorte que cette disposition trouve rarement son application.

Différentes formes d'aiguilles.

Les aiguilles peuvent être prises dans deux types de rails bien distincts, le rail à double champignon et le rail à patte.

Au premier type se rapporte le rail à section rectangulaire (fig. 21), et au second le rail Brunel (fig. 23), le rail Vignole (fig. 24), et le rail Burleigh (fig. 20). Pour juger des avantages respectifs de ces différentes formes, examinons la marche d'une machine sur un changement :

1° Lorsque le changement fermé est abordé par le talon des aiguilles ;

2° Quand le changement, ouvert sur la déviation, est abordé par la pointe.

Dans le premier cas, les boudins des roues déplacent les aiguilles, et l'une d'elles se meut en portant les roues qui cheminent à sa surface (1).

(1) Il est bon de remarquer qu'une fois que la première paire de roues a dépassé la pointe de l'aiguille, le contrepoids du levier de manœuvre la ramène à sa position initiale, et que ce mouvement de va-et-vient s'accomplit au passage de chaque roue, à moins que l'aiguilleur ne s'y oppose en maintenant le levier.

Ce déplacement ne s'accomplit pas sans résistance et sans que les aiguilles tendent à fléchir ; à ce point de vue, la forme qui leur convient le mieux est celle du rail à patte.

Dans le second cas, le point de contact des rails et des roues, situé d'abord sur la ligne moyenne du bandage, passe rapidement à son extrémité pour revenir sur la ligne moyenne.

Or, le bandage s'use et prend la forme d'un arc de cercle dont la flèche peut atteindre jusqu'à $0^m.01$ avant qu'on vienne la faire disparaître ; par suite, le déplacement rapide du point de contact des bandages produit un mouvement brusque du centre de gravité du véhicule et une secousse d'autant plus forte que la vitesse est plus grande.

Enfin, l'intersection de l'arc d'usure et de la surface primitive du bandage se présente sous la forme d'une bavure qui ne tarde pas à détruire les surfaces qu'elle rencontre.

D'après ces considérations, l'aiguille Burleigh (fig. 20), dont la nervure supérieure porte le boudin des roues, n'a pas d'inconvénients ; mais il faut remarquer que les boudins ne tardent pas à creuser un sillon qui devient assez profond, soit pour rompre la nervure, soit pour reporter la pression sur la surface de roulement ordinaire. Dans les deux cas l'aiguille a perdu les avantages qu'on en attendait.

Toutes les autres formes d'aiguilles étant dans les mêmes conditions par rapport aux effets que nous venons de considérer, la meilleure est celle dont le poids ou le prix est le moindre et dont la section donne la plus grande résistance transversale.

A ce point de vue, on peut exclure les aiguilles Brunel et en fer carré pour conserver l'aiguille en rail Vignole. Celle-ci a d'ailleurs l'avantage de reposer sur les glissières par une base plane, et par conséquent de ne pouvoir se déverser ainsi que le font les rails à double champignon, dont la base courbe est en équilibre instable.

En résumé, le rail Vignole est de tous les rails celui dont la forme convient le mieux à la confection des aiguilles.

Usure des aiguilles.

L'expérience montre que les aiguilles périssent par l'exfoliation de leur surface de roulement, et que cette action est localisée à la pointe, c'est-à-dire dans la partie réduite en largeur par le rabotage.

Il faut donc, ou soustraire cette surface à l'action des roues, ou l'augmenter en largeur, ou enfin la durcir.

Il n'y a que la forme imaginée par Burleigh qui puisse soustraire la surface de l'aiguille à l'action des bandages, et ce n'est que pour peu de temps.

L'augmentation de largeur s'obtient avec une aiguille de forme quelconque, en contre-coudant le rail qui lui est adossé ; mais cette augmentation est faible, bien qu'on ne puisse la négliger. Le triangle $a\,b\,c$ de la figure 24 montre l'augmentation ainsi obtenue.

Enfin le durcissement de la surface s'obtient soit par la cémentation, soit par une mise d'acier fondu.

L'expérience montre que la cémentation ne réussit que très imparfaitement sur les rails ordinaires, c'est-à-dire que leur surface de roulement s'égrène en très peu de temps. Pour obtenir de bons résultats, il faut employer des rails en fer au bois, qui, cémentés, reviennent à un prix aussi élevé que les rails en acier puddlé ou Verdié.

La mise d'acier réussit assez bien, et le chemin du Nord l'a longtemps employée ; mais il revient aujourd'hui à l'acier puddlé et à l'acier fondu.

Le chemin de fer des Ardennes a fait ses changements et ses croisements en acier Verdié, c'est-à-dire avec des rails composés d'un paquet en fer avec couverte en acier fondu ; la soudure de ces deux métaux est obtenue en coulant l'acier dans une matrice sur le fer rouge préalablement decapé au borax , puis en martelant et laminant le paquet.

Cette disposition est un moyen terme excellent et économique entre les rails en acier puddlé, qui sont rarement homogènes, et les rails en acier fondu, dont le prix est beaucoup plus élevé ; malheureusement M. Verdié n'a pas encore une fabrication montée sur une échelle suffisante pour satisfaire à toutes les demandes.

On n'a pas encore d'expériences concluantes sur la valeur relative au point de vue de la durée des rails en fer, acier puddlé et acier fondu, mais on peut considérer les résultats obtenus sur les bandages comme s'appliquant suffisamment aux rails ; or, les expériences faites en Allemagne sur le parcours des roues avec bandages en fer, en acier puddlé et en acier fondu, montrent qu'un bandage parcourt, pour s'user de 3 millim.,

> En fer. . . . . . . 25,000 kilom.
> En acier puddlé. . . . 43,000
> En acier fondu. . . . 150,000

(Muntz. Extrait du journal *L'Ingénieur*.)

c'est-à-dire que leurs durées respectives sont entre elles comme

$$1 : 1,7 : 6.$$

Les prix, déduction faite de la valeur de revente des vieux matériaux, étant entre eux comme $1 : 1,44 : 2,82$, il n'y a pas d'hésitation possible sur les résultats qu'on doit attendre de la substitution de l'acier fondu au fer dans la construction des changements de voies.

DÉTAILS DE CONSTRUCTION DES CHANGEMENTS DE VOIES.

Coussinets de glissement.

Les aiguilles devant se déplacer par l'action des boudins des roues, on leur facilite ce mouvement en les faisant reposer soit sur des platines en fer, soit sur des pièces de fonte ; dans ce dernier cas, on ajoute au plan de glissement une nervure verticale servant à fixer le rail (fig. 25, pl. 3).

Axe de rotation des aiguilles. Coussinet de talon.

Lorsque l'aiguille a la forme d'un rail à double champignon, il y a souvent un coussinet de talon à deux chambres; l'une de ces chambres reçoit l'aiguille et le rail qui lui fait suite; l'autre contient le rail de la voie. L'extrémité de l'aiguille est retenue par un boulon horizontal qui permet le jeu nécessaire au mouvement de rotation (fig. 26.)

Quand la voie est éclissée, le pivot de l'aiguille est formé par un coussinet et une éclisse spéciale. La fig. 27 indique cette disposition appliquée à un changement à deux voies, et la fig. 28 celle relative aux changements à trois voies.

Lorsque l'aiguille a la forme d'un rail à patte, on a quelquefois remplacé le coussinet de talon par un disque de tôle entrant avec un faible jeu dans une plaque convenablement découpée; cette disposition a bien réussi (fig. 3, pl. 1).

Suppression de coussinet du talon et remplacement par une paire d'éclisses.

En Allemagne, on a depuis longtemps supprimé le coussinet de talon, et on l'a remplacé par deux éclisses analogues à celles de la fig. 27. Cette disposition commence à s'employer en France.

Boutons heurtoirs.

Pour diminuer la fatigue des aiguilles sous l'action des pressions exercées par les boudins des roues, on a fixé, soit aux coussinets de glissement, soit aux rails de la voie, des boulons qui s'opposent à leur voilement.

Tringles d'écartement.

Les deux aiguilles devant obéir simultanément à la manœuvre, on les a reliées par des tringles horizontales ou tringles d'écartement.

Ces tringles sont quelquefois filetées à leurs deux extrémités, et s'attachent directement aux deux aiguilles; mais il est plus commode de ne les fixer de cette manière qu'à l'une des aiguilles et de les relier à l'autre par l'intermédiaire d'un boulon à fourchette.

Les fig. 12, 13, 14, pl. 1 et 2, représentent différents changements construits avec des rails à double champignon, Burleigh et Vignole; ces dessins et les discussions précédentes doivent suffire pour faire comprendre les mérites et les vices inhérents à chacune de ces dispositions. Nous nous bornerons à faire remarquer celle de la fig. 14, dans laquelle on a supprimé les coussinets, ainsi qu'on le pratique depuis longtemps en Allemagne; dans ce système, pour lequel M. Lemasson a pris un brevet, les coussinets sont remplacés par des cornières, et le coussinet de talon par une paire d'éclisses.

Les rails infléchis et les aiguilles sont en fer carré provenant d'un paquet de riblons bien martelé; mais on n'a employé ces fers que dans les parties soumises à une usure rapide.

Il eût certainement mieux valu consacrer l'excès de dépense résultant de cette forme de rail à faire une aiguille en acier fondu : quoi qu'il en soit, l'appareil est très bon, très économique d'établissement et surtout d'entretien, car il supprime toutes les pièces qui peuvent se rompre, et réduit à leur minimum de longueur celles qui s'usent.

Généralement les coussinets sont fixés sur des traverses dont les positions relatives sont maintenues à l'aide de deux longrines placées par-dessus ou par-dessous (fig. 8, 14 et 29).

Il est préférable de fixer les coussinets sur les longrines et de se servir des traverses pour entretoiser le système, ainsi qu'on le fait forcément pour les changements en rails Brunel (fig. 30 et 36).

Cette disposition augmente la solidarité des différentes parties de l'appareil et permet le transport au lieu de pose sans démontage préalable.

L'entretien devient également plus facile, puisqu'il suffit de déplacer quelques boulons pour déposer ou reposer le changement.

2

CHANGEMENTS A 3 VOIES.

Le plus simple des changements à trois voies se forme, comme le changement à deux voies, en faisant pivoter autour de l'une de leurs extrémités les deux rails de la voie unique.

Quelle que soit la position de ces rails, deux des voies sont interrompues, et un train qui s'y engagerait déraillerait forcément

Il a donc fallu remplacer les rails mobiles de cet appareil par des aiguilles effilées de longueurs inégales. Ces dernières peuvent se disposer de trois manières différentes par rapport aux voies qu'elles commandent, savoir :

Les petites aiguilles commandent la voie du milieu ou voie droite (fig. 31, pl. 3).

Les petites aiguilles commandent les voies extérieures ou déviations (fig. 32).

Une petite aiguille commande la voie droite et l'autre la déviation (fig. 33).

Les petites aiguilles ont généralement $3^m.60$ de longueur, et les grandes 5^m; par suite, la première disposition donne lieu à un élargissement de $0^m.06$ mesuré à la pointe des petites aiguilles et la voie droite; la seconde réduit cet élargissement à $0^m.03$ et le place sur les déviations; enfin la troisième le supprime complétement (1).

---

(1) En effet, l'élargissement de la voie porte son gabarit intérieur de $1^m.44$ à $1^m.50$, et d'un autre côté (fig. 30 *bis*), la distance $a\,b$ de l'un des boudins des bandages à la face extérieure de l'autre bandage est généralement de $1^m.50$, et peut être portée à $1^m.49$ par l'usure de boudins. On comprend que, pour qu'il y ait déraillement dans ces conditions, il faut qu'une circonstance toute particulière pousse les véhicules circulant sur la voie droite de telle sorte que les boudins viennent appliquer contre les rails; néanmoins il est encore un certain nombre de véhicules appartenant aux anciens matériels dont la cote de calage est encore plus petite que la précédente, et, dans ce cas, les déraillements seraient très fréquents, si l'on ne réduisait à $1^m.44$ la largeur intérieure de la voie, à l'entrée du chargement, et à $0^m.045$, au lieu de $0^m.05$, le vide laissé entre les aiguilles et entre l'aiguille et le rail. C'est ce qu'on a été obligé de faire au Nord, pour éviter le déraillement des wagons belges.

Dans le premier cas, les wagons peuvent tomber dans la voie ; dans le second cas, la déviation est un peu plus douce que dans le premier, parce qu'elle est commandée par la grande aiguille et achevée par la petite ; dans le troisième cas, l'une des déviations est produite comme dans le premier, et l'autre comme dans le second.

Dans la première disposition, les grandes aiguilles sont moins affaiblies par le rabotage que dans la seconde, attendu qu'elles n'ont à racheter qu'une ordonnée moitié moindre que dans le second ; il en est de même pour les petites aiguilles, parce qu'elles trouvent leur logement tout préparé entre le rail et la grande aiguille.

La troisième disposition est semblable à la première pour l'un des côtés des voies, et semblable à la seconde pour l'autre côté.

Quel que soit le dispositif adopté, la petite aiguille est toujours moins affaiblie par le rabotage que la grande, et par conséquent il y a quelque intérêt à la placer sur la direction la plus parcourue.

Il convient de faire observer ici que l'élargissement de la voie résultant de la première disposition peut être diminué en réduisant la différence de longueur des aiguilles (fig. 34). Quand cette différence n'est que de 0^m.70, l'élargissement de la voie est réduit à 0^m,020.

On peut donc dire que ce changement, au point de vue des déraillements possibles, se présente dans d'aussi bonnes conditions que les changements de la troisième espèce. Il est meilleur que le second et que le troisième, relativement à la durée des aiguilles, attendu que la direction la plus parcourue est généralement celle de la voie rectiligne.

Les fig. 35 et 36 indiquent deux changements construits, l'un en rails à double champignon, l'autre en rails Brunel ; nous ne nous arrêterons pas sur leurs détails de construction, qui ne diffèrent en rien de ceux des changements à deux voies. Nous nous bornerons à rappeler la disposition des cornières substituées par M. Lemasson aux coussinets, et à repousser l'emploi des aiguilles en fer carré, dont les fig. 37 et 38, pl. 4, indiquent les sections rabotées.

MANŒUVRE DES CHANGEMENTS DE VOIES.

Les premiers changements de voies furent manœuvrés par des excentriques ou des manivelles (fig. 39 et 40, pl. 4). Ces dispositions étaient nécessaires pour les changements à contre-rails, car ce sont les seules qui rendent les aiguilles complétement immobiles ; mais, pour les changements à aiguilles ordinaires, elles donnent lieu à des frottements considérables et n'indiquent pas, à première vue, quand la voie est ouverte ou fermée. C'est ce qui a conduit à les remplacer par un levier courbe portant un contrepoids à son extrémité (fig. 41).

Dans ce système, le contrepoids ne peut se maintenir qu'autant qu'il est levé et soutenu par l'aiguilleur.

Cette espèce de levier convient toutes les fois que l'on ne passe qu'exceptionnellement sur la voie correspondante à la position du contrepoids soulevé ; elle devient dangereuse, pour des trains prenant les aiguilles en pointe, quand l'aiguilleur vient à abandonner le levier avant que la totalité du convoi soit sorti du changement, puisqu'alors une partie suit la voie oblique et l'autre la voie rectiligne.

Aujourd'hui on fixe le contrepoids sur une barre de fer (fig. 42 et 43) qui s'assemble à douille avec le levier, de sorte que, pour déplacer les aiguilles, on n'a plus qu'à faire tourner le contrepoids.

Une broche à poignée, traversant la douille et le levier, permet de fixer le contrepoids dans la position qu'il doit occuper.

Si l'une des voies n'est parcourue qu'accidentellement, on rive le contrepoids ou bien l'on se sert du levier système Perret, dans lequel le contrepoids est attaché à un pendule (fig. 44).

Cette disposition rend la manœuvre très commode lorsqu'il s'agit d'ouvrir la déviation, l'aiguilleur pouvant diminuer l'action du contrepoids en le rapprochant du levier. Quand ce levier doit servir à la manœuvre d'un changement placé sur une voie principale et pris en pointe, on remplace le cadenas par la came A.

Les changements à trois voies se manœuvrent au moyen de deux leviers semblables à ceux que nous venons de décrire, seulement on leur donne le même axe de rotation et on les fixe sur une même boîte en fonte.

Règlements concernant la manœuvre des aiguilles.

Les Compagnies ont coutume de réglementer les conditions de manœuvre des aiguilles par des ordres de service dont les dispositions principales suivent.

Lorsqu'un signal à distance est manœuvré pour protéger un mouvement, les aiguilleurs ne doivent permettre ce mouvement qu'après s'être assurés qu'aucune machine ou aucun train n'est engagé entre le signal et les aiguilles.

Lorsqu'un train doit franchir, en les abordant par la pointe, des aiguilles à contrepoids fixe établies sur une voie principale, le levier de ces aiguilles doit être maintenu pendant tout le temps du passage du train.

Lorsqu'un train abordant une aiguille par le talon vient à s'arrêter sur cette aiguille, l'aiguilleur doit la soutenir constamment pour éviter le déraillement, qui se produirait si le train venait à reculer sur l'aiguille abandonnée à elle-même.

Toute aiguille qui a été manœuvrée soit à la main, soit par un train, doit être examinée par l'aiguilleur, qui s'assurera qu'elle a bien repris sa position normale.

Il est formellement interdit de changer la position d'une aiguille sur laquelle une machine ou un train est engagé.

Les aiguilleurs doivent veiller à ce que les mouvements des trains, abordant les aiguilles par les pointes, s'exécutent à petite vitesse et avec la plus grande prudence.

CROISEMENTS DE VOIES.

Croisement à rail mobile pour voies de terrassements.

Le croisement le plus simple consiste en un rail ordinaire AA (fig. 45) portant à son milieu et à ses extrémités des coussinets. Le coussinet du milieu ou celui d'une extrémité n'est fixé que par une chevillette qui lui sert d'axe de rotation.

On maintient en place le rail mobile en fixant les coussinets extrêmes au moyen de chevillettes ; cette disposition, qui ne laisse le passage libre qu'à une seule voie, n'est plus usitée que dans les travaux de terrassements. La fig. 46 indique une autre disposition de croisement à rail mobile qui permet de ne pas interrompre la voie principale.

Croisement avec pattes de lièvre.

Pour laisser un libre passage aux boudins des roues quelle que soit la voie sur laquelle ils s'engagent, on coude les rails aa, bb (fig. 47), à partir du point f, où leur écartement n'est plus que de $0^m.005$, et on les recourbe de manière à les faire servir de contre-rails.

Les deux autres rails fc, gd, ou pattes de lièvre, se continuent jusque vers un point peu éloigné de l'intersection des faces extérieures de leurs champignons.

Les deux rails assemblés forment ce qu'on appelle la pointe ou le cœur.

L'interruption de la voie à la pointe e nécessite l'emploi de deux contre-rails pour diriger le mouvement des roues et empêcher leurs boudins de venir choquer la pointe ou de prendre une voie autre que celle qu'ils doivent suivre.

On voit qu'entre les points e et f il y a un espace où les bandages cessent d'appuyer sur le bord du rail.

Ce mode de roulement est anormal et fatigue le matériel ; il convient donc de diminuer l'espace *ef*, en faisant l'angle du croisement le moins aigu possible tout en prenant un rayon suffisant pour les courbes de raccordement.

Cet angle est d'environ 5° 30′ pour les changements à deux voies et pour des courbes de 300 mètres.

La pointe, et surtout les rails coudés, qui sont pris en travers par la bavure des bandages des roues, s'usant très rapidement, on a été conduit à les cémenter ou à les faire en acier. La fig. 52 indique ce mode de détérioration; elle a été relevée sur un croisement du Nord placé à Douai.

Croisement à pattes de lièvre mobiles.

Au chemin de Newcastle à Carlisle, on a cherché à supprimer l'interruption des rails en rendant mobiles les deux portions de rails formant contre-rails à la pointe et en les appuyant contre celle-ci par des ressorts (fig. 48).

Cet appareil est sujet à se déranger, et son usage ne s'est pas répandu.

Croisement d'Asnières à rails mobiles.

A Asnières, au point de bifurcation des chemins de Versailles et de Saint-Germain, les trains marchant avec une grande vitesse, on a été forcé de rendre la déviation très douce; avec les appareils ordinaires, le croisement eût été très aigu et aurait présenté une interruption très dangereuse.

M. Clapeyron y a obvié en adoptant un croisement à rail mobile *aa* (fig. 11 *b*, pl. 1) formé par deux rails ordinaires.

Les rails de ce croisement et ceux du changement que nous avons décrit précédemment étaient manœuvrés simultanément par l'intermédiaire d'un arbre AA fixé le long de la voie.

Croisement BURLEIG.

Pour protéger les rails près de la pointe contre l'action coupante de la bavure des bandages usés, Burleigh introduit dans le croisement des pièces en fonte *aa*, *bb* ou porte-boudins, maintenues à l'aide de boulons (fig. 50, pl. 4).

Cette pièce sert encore à relier solidement les rails coudés et la pointe de façon à donner une grande rigidité au croisement.

L'importance de ce point est évidente, car, lorsqu'il n'y a pas solidarité entre toutes ces pièces, le passage des trains provoque leur déplacement relatif, et, par suite, une série de chocs aussi nuisibles à la voie qu'au matériel roulant.

Croisement PARSON.

Parson a employé pour le même objet la disposition fig. 49; de plus, il a cherché le moyen de remplacer chaque pièce isolément : mais la complication qui résulte de l'agencement des différentes parties est tellement grande, qu'on ne peut songer à faire usage de cet appareil.

Parson l'a si bien compris, qu'il a pris un brevet pour un croisement construit avec des rails analogues à ceux de Vignole, mais très surbaissés (fig. 51), raccordés par des coussinets spéciaux AA avec le rail ordinaire de la voie, disposition qui paraît ne rien laisser à désirer.

Croisement en fer d'une seule pièce.

M. Bataille a proposé de faire la pointe et ses deux contre-rails en une seule pièce obtenue au marteau pilon; mais jusqu'à présent cette disposition, qui supprime toute la coussineterie et donne une invariabilité absolue aux différentes parties du croisement, n'a pas reçu d'application.

Croisement BURLEIG et croisement en rails BRUNEL.

Burleigh rive les rails de son croisement (fig. 51) sur une tôle générale placée sur longrines. Cette disposition est la même que celle adoptée longtemps auparavant dans la construction des croisements avec rails Brunel (fig. 54, pl. 5) ; seulement, dans ces derniers appareils on a placé, entre la pointe et les contre-rails, une pièce en fer ayant la forme d'une fourche et une épaisseur calculée de telle sorte que sa distance à la table de roulement des rails égale la saillie du boudin des roues.

Utilité d'une pièce spéciale placée entre les pattes de lièvre soutenant le boudin
des roues.

Les opinions sont partagées sur la valeur de la fourche placée dans le croisement pour supporter le boudin des roues.

Quelques ingénieurs croient que, pour les machines à roues couplées, l'action destructive sur les contre-rails, due à l'inégalité des rayons des roues et des jantes, doit être beaucoup plus considérable avec la fourche que sans la fourche.

L'expérience faite au chemin de fer du Midi, sur plus de 900 croisements, montre qu'il n'en est rien, et que le contre-rail est très efficacement protégé par l'emploi de la fourche sans qu'il en résulte aucun dommage pour les machines.

Le certificat suivant, en date du **19 avril 1856**, adressé à M. Burleigh par M. R. Gastineau, ingénieur du Great Northern, montre d'une manière frappante l'utilité de la fourche introduite dans les croisements.

« Un de vos croisements a été posé près la station de Welwyn dans les premiers jours de juillet 1854, et il est presque encore dans de bonnes conditions.

« Les trains express passent ordinairement sur ce croisement à une vitesse de 80 kilomètres à l'heure, et les trains qui s'arrêtent à la station y arrivent avec les freins serrés. Près du même point et sur la même voie existe un croisement ordinaire qui a été renouvelé *trois fois* et dont les pattes de lièvre ont été remplacées *six fois*.

« Sur un autre point, un de vos croisements, placé depuis dix-neuf mois, est presque dans les conditions normales de service.

« Les croisements ordinaires posés en cet endroit ne duraient que deux mois et les pattes de lièvre un mois, le trafic étant très considérable. »

Il existe encore à la gare du chemin du Midi des croisements Brunel (fig. 54, pl. 5) placés depuis l'origine de l'exploitation (mai 1855), c'est-à-dire ayant servi près de trois ans, et dont on peut encore attendre un long service (1).

Croisement en rails VIGNOLE.

La disposition ordinaire du croisement en rails Vignole est représentée fig. 55.

Ses différentes parties sont fixées de distance en distance sur des platines en fer fixées elles-mêmes par des crampons au bâti en charpente.

Une pièce de fonte placée à la hauteur du boudin des roues sert à protéger les contre-rails et à maintenir, au moyen de boulons, la solidarité des différentes pièces.

Résumé des conditions d'établissement des croisements de voies.

En résumé, nous dirons :

1° Que l'emploi des coussinets dans les croisements est fâcheux parce que ces pièces sont très sujettes à rompre, et que leur rupture peut donner lieu à des déraillements; qu'il y a un grand intérêt à les faire disparaître pour leur substituer des cornières lorsque le rail est à double champignon (croisement Lemasson, fig. 53), ou bien à fixer directement le rail sur une tôle générale lorsque sa forme le permet.

2° Que les croisements en rails Brunel pleins ou en rails Vignole

____

(1) Le seul reproche qu'on pourrait faire à l'emploi de la fourche est la fatigue qui en résulte pour les bielles d'accouplement; mais quand on tient compte des différences des parcours des roues d'une machine circulant sur une voie de 300^m de rayon, on voit que le passage sur une fourche dont la longueur ne dépasse pas 0^m.80 n'est pas à redouter.

peuvent s'employer avantageusement, lors même que la voie courante est à double champignon.

3° Que l'emploi d'une fourche pour protéger les contre-rails est utile et même indispensable pour la conservation de l'appareil.

4° Qu'il faut faire la pointe d'une seule pièce (fig. 54) obtenue au marteau pilon, et non pas en assemblant deux rails comme l'indique la fig. 47.

5° Que la pointe, les contre-rails adjacents et la fourche doivent être en acier puddlé, ou mieux en acier fondu.

Disposition des voies de raccordement, du changement et du croisement.

Les changements et les croisements de voies sont généralement raccordés par des courbes en S dont le rayon ne doit pas descendre au-dessous de 250^m à 300^m.

Nous regardons comme indispensable de séparer les deux parties de la courbe en S par une portion de ligne droite s'étendant d'une pointe à l'autre, ainsi que l'indique la fig. 59. On évite ainsi les chocs qui se produisent lorsque la machine passe dans la partie moyenne de la courbe en S.

Montage sur charpente.

Généralement les coussinets des croisements sont fixés sur des traverses dont les positions relatives sont maintenues à l'aide de deux longrines placées par-dessous.

Il est préférable d'employer les longrines comme support direct des coussinets.

Les voies réunissant les changements aux croisements sont souvent montées sur des traverses distinctes, mais celles-ci sont alors tellement enchevêtrées qu'il est impossible de les bourrer convenablement (fig. 29, pl. 3).

On évite cet inconvénient et l'on maintient exactement les positions relatives des coussinets, condition indispensable pour éviter les déraillements, en montant ces parties de voies sur les mêmes traverses (fig. 30).

TRAVERSÉES DE VOIES.

La traversée de voie est le croisement spécial résultant de l'intersection de deux voies (fig. 55 et 56, pl. 5). Les premières traversées furent faites avec des rails mobiles mis en jeu par le passage de la machine; mais l'appareil, très compliqué et fonctionnant mal à la vitesse des trains de voyageurs, on y a renoncé pour le remplacer par la disposition fig. 55 et 56, analogue à celle des croisements. Ce que nous avons dit relativement à la construction de ceux-ci est donc applicable à ceux-là; seulement il faut remarquer que la lacune entre les deux pointes de la traversée est double de celle du croisement de même angle. Il y a lieu de se préoccuper de ce fait, car si les boudins n'étaient pas suffisamment guidés, les roues pourraient s'engager sur deux voies différentes; c'est pourquoi il faut adopter un angle de traversée d'au moins 7°30′, ou sinon surélever le contre-rail pour qu'il prenne une plus grande largeur du flanc des roues, et donner un support aux boudins. Cette dernière disposition paraît plus convenable que la première, parce que la traversée peut avoir à raccorder un changement symétrique et un changement à deux voies posé en déviation, c'est-à-dire des croisements de 5 et 7°30′, et qu'en prenant la moyenne de ces angles pour base de la construction, on peut n'avoir qu'un type de traversée.

La fig. 57 est la traversée particulière résultant de deux changements à deux voies dirigés en sens contraire et raccordant deux voies parallèles.

DISPOSITIONS A PRENDRE POUR L'ÉTABLISSEMENT DES CHANGEMENTS SUR LES VOIES PRINCIPALES.

Les aiguilles placées sur un chemin à 2 voies doivent être abordées par le talon.

Lorsqu'on doit établir un changement sur l'une des voies principales d'un chemin à deux voies, il convient d'en placer les aiguilles de manière à ce que les trains les abordent par le talon (fig. 59) et non par la pointe (fig. 60). Dans le premier cas, les aiguilles mal placées, c'est-à-dire ne donnant pas accès sur la voie principale, ne peuvent produire aucun accident, puisque les boudins des roues les écartent et les ramènent à leur position normale.

Dans le second cas, le train qui s'engage sur la voie principale fermée se trouve conduit sur la déviation et peut venir se heurter contre un train venant en sens contraire sur cette voie.

Contrepoids rivés.

La disposition précédente ne peut s'appliquer aux chemins à une seule voie; dans ce cas, on rive la douille du contrepoids sur le levier de manœuvre (fig. 42, pl. 4), et même on le cadenasse, ou bien on adopte le levier de manœuvre Perret (fig. 44); enfin on pose les leviers de telle sorte que les contrepoids ramènent les aiguilles à leur position normale, c'est-à-dire à l'ouverture de la voie principale.

Verrou de sûreté VIGNÈRES pour embranchements.

Quand un chemin à deux voies donne naissance à un embranchement, l'une des voies principales se trouve toujours coupée par l'une des voies de l'embranchement.

Il importe alors de garantir d'une manière certaine la traversée des deux voies pour empêcher la prise en écharpe de l'un des trains.

A cet effet, on a généralement recours à des disques manœuvrés à distance qui viennent fermer la voie à 5 ou 800 mètres en avant ou en arrière du point que l'on veut garantir ; mais le disque tourné ne faisant qu'avertir le mécanicien, sans rendre le passage infranchissable, il est utile de pouvoir empêcher la manœuvre de l'aiguille tant que le disque qui donne accès sur cette voie n'est pas ouvert.

M. Vignères obtient ce résultat en fixant les leviers des aiguilles par des verrous que les leviers de manœuvre des disques font mouvoir.

La figure 61, pl. 6, représente la disposition des voies et des disques à l'embranchement des lignes d'Auteuil et de Versailles ; la fig. 62, pl. 5, indique l'ensemble des appareils formant le poste de l'aiguilleur.

Dans ce cas particulier, il faut protéger les trains qui reviennent d'Auteuil, c'est-à-dire la traversée C : cinq disques, n° 23, 24, 25, 26 et 28, servent pour cet objet ; les disques 23 et 25 sont placés sur la voie de départ de Versailles, les disques 26 et 28 sur la voie de retour d'Auteuil, et le disque 24 sur la voie de retour de Versailles.

Les disques 26 et 24 sont solidaires, et lorsqu'on ouvre l'un on ferme l'autre.

Afin d'éviter toute erreur dans les manœuvres, on a mis des verrous à tous les leviers des disques, et des heurtoirs à toutes les tringles qui reçoivent des verrous, de telle sorte qu'on ne peut faire marcher les appareils qu'autant que leur ouverture est conforme aux dispositions réglementaires.

C'est ce qu'indique la fig. 62, dans laquelle

1 représente le levier de manœuvre des aiguilles A,

2 le levier de manœuvre du disque 23 et du verrou *b* qui enclanche le verrou *a*,

3 le levier de manœuvre des disques 24 et 26, et du verrou *c* qui enclanche le levier de manœuvre 4 du verrou *a*,

4 le levier de manœuvre du disque 28 et du verrou *a* des aiguilles,

5 le levier allant au contrepoids du levier de manœuvre des ai-

guilles du changement B et pouvant le soulever de manière à
ouvrir la voie de la traversée sans laisser ce soin aux boudins
des roues.

La position normale des appareils est celle de la fig. 61 ; elle
correspond à l'ouverture de la voie montant à Auteuil, et à la voie
de retour de Versailles ; c'est-à-dire à l'ouverture des disques 23 et
24, et à la fermeture des disques 26 et 28.

Pour laisser passer le train venant d'Auteuil sur Paris, il faut
donc :

1° Manœuvrer le levier 2 pour fermer le disque 23 et désenclancher le verrou b qui enclanchait le verrou a dans la position des aiguilles libres.

2° Manœuvrer le levier 3, d'une part, pour fermer le disque 24
retour de Versailles, et ouvrir le disque 26 retour d'Auteuil, d'autre
part, pour désenclancher le verrou c qui enclanche le levier n° 4.

3° Manœuvrer le levier 4 pour ouvrir définitivement la voie de
retour d'Auteuil par le disque 26 et verrouiller le levier de manœuvre
du changement de voie, de telle sorte qu'un train partant de Paris
malgré les signaux ne puisse suivre la voie d'aller à Versailles.

Les aiguilleurs n'étant pas en vue de la station fermée par les disques 26 et 28, l'arrivée du train venant d'Auteuil leur est indiquée
par deux coups frappés sur un timbre. La manœuvre du marteau de
ce timbre est faite de la station par un levier ordinaire.

Pour le départ de Paris, un disque vert, n° 25, solidaire des aiguilles (fig. 61), indique l'ouverture de la voie allant à Versailles,
et les trains allant à Auteuil doivent s'arrêter lorsque le signal vert
leur est présenté.

L'aiguilleur placé au disque 23 avertit par un coup de timbre
les aiguilleurs du poste de l'embranchement lors du départ des trains
de Paris.

Ces dispositions compliquées en apparence, par suite des grands
développements qu'elles exigent pour être bien comprises, sont en

réalité d'une grande simplicité; elles évitent les pertes de temps, mettent à l'abri des fausses manœuvres, des erreurs commises par précipitation, et donnent une sécurité aussi absolue que possible.

CALCULS RELATIFS A L'ÉTABLISSEMENT DES CHANGEMENTS DE VOIES.

Détermination du rayon des courbes de raccordement.

Cherchons à déterminer le rayon minimum des courbes entrant dans la composition des changements de voies.

Il est d'abord évident que le passage d'une machine à trois essieux dans une courbe ne peut s'effectuer qu'en vertu d'un certain jeu laissé entre les boudins des roues et les rails.

Ceci posé, désignons par r le rayon inconnu de la courbe; par A, B, C, les trois essieux d'une machine, que nous supposerons équidistants; par a la distance commune de deux essieux consécutifs, et par d le jeu déterminé par le calage des roues.
On aura sensiblement :

$$d^2 = 2\,ra - a^2\,;$$

d'où
$$r = \frac{d^2 + a^2}{2\,a}.$$

Introduisant dans cette formule les données de la machine mixte du Midi, qui est une des machines à plus grand écartement d'essieux, nous avons

$$r = \frac{\overline{2.61}^2 + \overline{0.03}^2}{2 \times 0{,}03} = \frac{6.813}{0.06} = 113^{\mathrm{m}}\,55.$$

Il convient de remarquer que le passage d'une machine dans une courbe de ce rayon fatiguerait énormément le bâti si les bandages n'étaient pas coniques.

La conicité doit être telle que la différence entre les développements des circonférences des roues d'un même essieu, dans le plan passant par leur point d'appui, soit sensiblement égale à la différence des développements des deux files de rails de la voie courbe.

S'il n'en était pas ainsi, l'une des roues devrait patiner, et par conséquent produire une résistance tendant à faire fléchir le bâti : résistance d'autant plus grande que la machine aurait une plus grande vitesse.

Cherchons donc le rayon qu'il convient de donner aux courbes de la voie pour éviter cet inconvénient.

Désignons par R' le rayon de la file de rails extérieure, et par R le rayon de la file intérieure; par r' le rayon maximum que puisse prendre la roue par suite de sa forme conique, et par r son rayon minimum. Les développements de la roue et des rails étant proportionnels aux rayons, il faudra, pour que ces développements soient égaux, que

$$\frac{R'}{R} = \frac{r'}{r}. \qquad (1)$$

En observant 1° que $R' = R + 1^m.51$; 2° que le jeu entre les boudins des roues neuves est assez généralement de 0.03 pour la voie courante, mais qu'il se trouve souvent porté à $0^m.056$ dans les courbes de très petit rayon, tant par l'élargissement de la voie que par l'usure des faces de ces mêmes boudins; 3° que, par suite de cet élargissement et de la conicité des bandages, r' peut devenir égal à

$$r + \frac{1}{20}\,0.056 \qquad \text{ou} \quad r' = r + 0.0028.$$

La proportion (1) devient alors

$$\frac{R + 1.51}{R} = \frac{r + 0.0028}{r}$$

ou
$$R\,r + 1.51\,r = r\,R + 0.0028 \times R,$$
$$r \times 1.51 = R \times 0.0028;$$

d'où
$$r = \frac{R \times 0.0028}{1.51} \qquad \text{et} \quad R = \frac{r \times 1.51}{0.0028},$$

valeurs qui permettent d'obtenir r ou R suivant qu'on se donne R ou r.

— 34 —

Le diamètre des roues couplées variant généralement de $1^m.00$ à $1^m.70$, on aura

$$\text{pour } r = \frac{1.00}{2}, \qquad R = \frac{0.50 \times 1.51}{0.0028} = 269^m.00 ,$$

$$\text{pour } r = \frac{1.70}{2}, \qquad R = \frac{0.85 \times 1.51}{0.0028} = 458^m.00 ,$$

résultats qui expliquent la forte conicité (1/10) donnée aux bandages des roues des locomotives allemandes qui parcourent des chemins à courbes de petit rayon.

En effet, si l'on introduit cette valeur dans notre formule, on obtient pour une machine à roues de $1^m.00$

$$r = \frac{0.50 \times 1.51}{0.0056} = 135^m ;$$

pour des machines à roues de $1^m.70$

$$r = \frac{0.85 \times 1.51}{0.0056} = 229^m.$$

Il est évident que lorsque les rayons des courbes sont inférieurs à ceux déterminés par cette formule, il y a patinage, par suite effort exercé pour faire fléchir les longerons, effort d'autant plus grand que la vitesse de la machine est plus grande.

Cette observation motive le ralentissement imposé aux mécaniciens lorsqu'ils passent dans des courbes de petits rayons, et en particulier dans les changements de voies.

En résumé, on voit qu'en imposant ce ralentissement on peut réduire le rayon des courbes, dans les changements, à 150^m, et qu'on sera dans d'assez bonnes conditions avec un rayon de 300^m.

Détermination des coordonnées de la pointe et de l'angle du croisement.

1° Prenons pour axe des y (fig. 63, pl. 5) la ligne qui joint les centres des cercles, et pour axe des x une perpendiculaire à cette droite passant par l'un des centres.

Appelons y et x les coordonnées du point d'intersection A des deux circonférences qui se coupent, R et R' les rayons de ces circonférences, q la distance des centres.

L'équation du cercle de rayon R sera :

$$R^2 = x^2 + y^2. \qquad (1)$$

L'équation du cercle de rayon R' sera :

$$R'^2 = x^2 + (y - q)^2,$$

ou
$$R'^2 = x^2 + y^2 - 2qy + q^2 ; \qquad (2)$$

et les coordonnées du point A seront les valeurs de x et y satisfaisant à la fois aux équations (1) et (2) ; en les résolvant par rapport à y, on a :

$$R'^2 - R^2 = q^2 - 2qy$$

d'où
$$y = \frac{R^2 - R'^2 + q^2}{2q},$$

et
$$x = \sqrt{R^2 - y^2}.$$

Les formules sont applicables à tous les cas ; seulement il faut remarquer :

1° Que si g est la largeur de la voie, la distance des centres des deux cercles, q, est égale à :

$q = R + R' - g$ lorsque les courbes ont leurs rayons en sens inverse (fig. 63).

$Q = R - R' + g$ lorsque les courbes ont leurs rayons dans le même sens (fig. 64, pl. 6).

Lorsque les courbes ont leurs rayons égaux et dirigés en sens contraire, y est évidemment égal à $R - \dfrac{g}{2}$.

Lorsque l'une des voies est droite, y est égal à $R - g$.

2° Que l'angle α du croisement est égal à la somme algébrique des angles α' et α'' formés par les tangentes AB, AC, avec la droite AD parallèle à l'axe des x.

Or, lorsque les voies ont leurs courbures en sens contraire,

$$\text{angle } \alpha' = \text{angle OAG,}$$

$$\text{et angle } \alpha'' = \text{angle O'AF,}$$

et la figure donne : $\tan \alpha' = \dfrac{x}{y}$,

$$\tan \alpha'' = \dfrac{x}{q - y},$$

d'où $\qquad \tan(\alpha' + \alpha'') = \dfrac{x}{y} + \dfrac{x}{q - y}.$

Lorsque les voies ont leurs courbures dans le même sens (fig. **64**),

$$\tan \alpha = \tan(\alpha'' - \alpha') = \dfrac{x}{q - y} - \dfrac{x}{y}.$$

Lorsque l'une des voies est droite, l'angle du croisement α devient :

$$\alpha = \dfrac{x}{y}.$$

Détermination de la longueur des rails courbes.

3° Les longueurs des files de rails HA, KA, comprises entre la pointe et l'origine du croisement sont déterminées par les formules

$$\text{Arc } HA = \frac{2\pi R \times \alpha'}{360°}$$

$$\text{Arc } KA = \frac{2\pi R' \times \alpha''}{360°}$$

Application des formules précédentes au calcul des changements à 3 voies.

Appliquons ces formules au calcul d'un changement à trois voies dans lequel les voies déviées ont une largeur $g = 1^m.50$ et un rayon moyen de 300 mètres.

Les données du problème seront (fig. 65) :

$$R - R' = 300 + \frac{1}{2}g = 300 + \frac{1.50}{2} = 300.75,$$

$$q = 2 \times 300.75 - 1.50 = 600^m ;$$

d'où $\quad y = R - \frac{g}{2} = 300.75 - \frac{1.5}{2} = 300^m.$

$$x = \sqrt{R^2 - y^2} = \sqrt{300.75^2 - 300^2}$$

$$= \sqrt{90450.5625 - 90000} = \sqrt{450.5625} = 21.226$$

$$\text{tang } \alpha = \text{tang } \alpha' + \text{tang. } \alpha'' = \frac{x}{q-y} + \frac{x}{y} = \frac{21.226}{600-300} + \frac{21.226}{300}$$

$$= \frac{42.452}{300} = 0.141506,$$

d'où $\quad \alpha = 8° \ 03' \ 15''.$

On aura

$$y = R - g = 300^m.75 - 1.50 = 299.25$$

$$x = \sqrt{300.75^2 - 299.25^2} = \sqrt{90450.5625 - 89550}$$

$$= \sqrt{900} = 30 \text{ mètres.}$$

$$\text{tang } \alpha = \frac{x}{y} = \frac{30}{299.25} = 0.10025 ;$$

d'où $\quad\quad\quad\quad \alpha = 5° \ 43' \ 30''.$

Détermination de longueur totale des changements.

Lorsque deux voies parallèles doivent être reliées par des changements, les voies sont formées par deux courbes en S. L'angle du croisement et les coordonnées de la pointe se trouvent par les formules précédentes, mais il reste à déterminer la longueur totale du changement.

Si l'on appelle g la distance qui sépare les axes des voies, $2\,l$ la distance des aiguilles, R le rayon moyen commun aux deux courbes, le point de tangence commun aura pour ordonnée g rapportée au centre C :

$$y = \mathrm{R} - \frac{1}{2}g,$$

et pour abscisse :

$$x = l = \sqrt{\mathrm{R}^2 - y^2}$$

si $\qquad g = 3^{\mathrm{m}}.50$ et $\mathrm{R} = 300^{\mathrm{m}}$, on aura :

$$y = \mathrm{R} - \frac{g}{2} = 300 - \frac{3^{\mathrm{m}}.50}{2} = 300 - 1.75$$
$$= 298^{\mathrm{m}}.25,$$

et

$$x = \sqrt{\mathrm{R}^2 - y^2} = \sqrt{300^2 - 298.25^2}$$
$$x = l = 32^{\mathrm{m}}.356$$
$$2l = 64^{\mathrm{m}}.712.$$

Détermination de la longueur à donner aux aiguilles effilées.

Dans les calculs précédents nous avons admis que le point de tangence des courbes de raccordement était situé à la pointe des aiguilles, ce qui suppose que leur longueur est suffisante pour qu'à leur talon la distance qui les sépare du rail voisin laisse un libre passage au boudin des roues.

Si cette distance est de $0^{\mathrm{m}}.05$ et la largeur du rail de $0^{\mathrm{m}}.06$, la face de l'aiguille intérieure à la voie est à une distance de $0^{\mathrm{m}}.11$ du rail adjacent, la longueur à donner à l'aiguille sera donc sensiblement celle de l'abscisse d'un cercle de 300^{m} de rayon dont l'ordonnée aurait $0^{\mathrm{m}}.11$.

La valeur de cette abscisse

$$x = \sqrt{2\mathrm{R}y - y^2};$$

d'où $\qquad x = \sqrt{2 \times 300 \times 0.11 - 0.11^2},$
$$= \sqrt{600 \times 0.11 - 0.0121} = \sqrt{65.9879}$$
$$= 8^{\mathrm{m}}.123.$$

Le tableau suivant indique les rayons des courbes correspondant à différentes longueurs d'aiguilles.

LONGUEUR DES AIGUILLES.	RAYONS CORRESPONDANTS.
$\overset{m,}{3.60}$	$\overset{m.}{58.96}$
4.00	72.78
4.50	92.10
5.00	113.69
5.50	137.55
6.00	163.69
6.50	192.10
7.00	222.78
7.50	255.74
8.00	290.96
8.123	300.00

Nous avons vu précédemment que les machines mixtes du Midi, qui ont un écartement d'essieux exceptionnel, peuvent passer dans une courbe de 113^m.00 de rayon; par conséquent les aiguilles de 5^m.00 sont, à la rigueur, suffisantes. Mais il n'en est pas moins vrai que le passage ne s'effectue pas sans difficultés et que les boudins des roues ont une assez grande tendance à monter sur la pointe des aiguilles, surtout lorsque le rabotage leur donne une disposition en plan incliné, ainsi que le présente le système Wild.

Voilà pourquoi les aiguilles de 3,60 des changements à trois voies doivent être placées de manière à commander la voie droite, et c'est le motif pour lequel M. Flachat avait adopté des aiguilles de 7^m.00, au raccordement des deux chemins de Versailles, à Viroflay.

Aujourd'hui que la plupart des voies nouvelles se font avec des rails de 6^m.00, il n'y a plus de raison pour ne pas donner cette longueur aux aiguilles. Le rayon de la déviation se trouve alors porté à 163^m, tandis qu'il n'a que 113^m lorsque les aiguilles ont 5^m.00.

Tout ce qui précède est applicable aux changements à aiguilles effilées. Examinons maintenant la longueur qu'il faut donner aux aiguilles à contre-rails mobiles pour qu'elles conviennent à une courbe de 300^m de rayon.

Dans ces changements, la distance de l'aiguille au rail fixe est de 0^m.04, l'épaisseur de la pointe de 0,015, par conséquent, l'ordonnée totale n'est que de 0,055, et la longueur de l'aiguille pour un rayon de 300^m devient :

$$x = \sqrt{2Ry - y^2} = \sqrt{33 - 0.003} = 5^m.74.$$

Longueur à donner aux aiguilles à contre-rails mobiles.

Le tableau suivant indique les rayons des courbes qui correspondent à différentes longueurs d'aiguilles.

LONGUEUR DES AIGUILLES.	RAYONS DES COURBES.
m.	m.
2.50	56.845
3.00	81.845
3.50	111.391
4.00	145.484
4.50	184.118
5.00	227.300
5.50	275.027
6.00	327.300

Avantage des aiguilles à contre-rails mobiles sur les aiguilles effilées.

Le tableau précédent montre que les aiguilles à contre-rails mobiles de 5ᵐ.00 donnent sensiblement le même rayon de courbure que les aiguilles effilées de 7ᵐ.00. Les aiguilles qu'on employait dans ces appareils avaient 4ᵐ.00 ; elles correspondaient donc à une déviation de 145ᵐ ; mais, vu la faible valeur des ordonnées de la courbe à partir de l'origine, on pouvait placer leur extrémité un peu après le point de tangence de la courbe, ce qui n'avait aucun inconvénient, puisqu'elles ne faisaient que pousser les roues sur les rails fixes, et obtenir ainsi une déviation correspondant à 300ᵐ.

C'est cet avantage qui motive la faveur dont ces appareils jouissent auprès de quelques ingénieurs, faveur incomplétement justifiée, puisqu'on peut faire disparaître le principal inconvénient des aiguilles effilées en leur donnant une plus grande longueur.

Détermination de l'ouverture des aiguilles effilées.

Il faut que les aiguilles s'ouvrent d'une quantité telle que leur pointe ne puisse être choquée, dans aucun cas, par le boudin des roues.

Examinons quelle doit être cette ouverture. La distance des faces intérieures des bandages des machines étant assez généralement de 1ᵐ.360, et le boudin ayant une épaisseur de 0ᵐ.030, qui peut être réduite par l'usure à 0ᵐ.020, il faudra que l'aiguille ouverte soit à une distance du rail supérieure à la largeur intérieure de la voie diminuée de $1^m.36 + 0,02$ et augmentée de l'épaisseur de l'aiguille à la pointe, ou de 0ᵐ.015, soit $1^m.45 - 1^m.36 - 0^m.02 + 0^m.015 = 0^m.085$. Cette cote doit être augmentée de 0ᵐ.02 à 0ᵐ.03, pour tenir compte du jeu nécessaire : ce qui la porte à 0ᵐ.11 ou 0ᵐ.12.

Détermination de la distance du rail au talon de l'aiguille.

Pour que la déviation soit aussi peu brusque que possible, il faut que la distance au talon de l'aiguille soit réduite à son minimum, c'est-à-dire à l'espace nécessaire pour le passage du boudin des roues, soit $0^m.03$; d'un autre côté, cette distance doit être telle que l'aiguille ne soit pas pressée par les boudins des roues. Or, si nous supposons que l'un des boudins des roues touche l'un des rails, la face intérieure du bandage de la seconde roue sera à une distance du second rail, de $0^m.03$ (épaisseur du boudin) $+ 1^m.36$ (cote de calage des roues) $= 1^m39$; retranchant cette cote du gabarit intérieur de la voie $= 1^m.45$, on a $1^m.45 - 1^m.39 = 0^m.06$, cote qui, par l'usure des boudins, peut être portée de $0^m.07$ à $0^m.08$. Ainsi l'écartement au talon doit être compris entre $0^m.03$ et $0^m.08$.

On a adopté généralement la moyenne de ces cotes, soit $0^m.05$.

Détermination de l'angle et des différentes parties du croisement.

L'angle du croisement doit être le plus grand possible, afin de réduire à son minimum la lacune qui existe entre la pointe et le point a; mais, comme son ouverture est en raison inverse du rayon des courbes du changement, dont le rayon normal ne doit guère descendre au-dessous de 250^m, cet angle se trouve compris entre 5° et 7° 30′.

La distance fg (fig. 47, pl. 4) qui doit exister entre les deux contre-rails, et la distance ef du contre-rail à la pointe, se déterminent d'après les mêmes considérations que la distance au talon des changements; elles ont donc l'une et l'autre $0^m.05$. Ces deux cotes et la largeur de la pointe ($0^m.010$ au minimum) déterminent la largeur de la lacune eg.

Modifications apportées aux calculs des changements par suite de l'insuffisance de la longueur des aiguilles.

Nous avons montré précédemment que les aiguilles généralement adoptées n'ont pas une longueur suffisante pour donner une déviation d'un rayon égal à celui des courbes de raccordement ; il résulte de là que ces courbes ne sont pas tangentes à l'extrémité de l'aiguille, et qu'en ce point il y a inflexion de la voie, et, par suite, chocs possibles entre les roues et les rails.

On est donc conduit à modifier les calculs en posant pour condition que les arcs seront tangents à la direction de l'aiguille et à son extrémité.

En se reportant à la méthode dont nous nous sommes servi pour déterminer le rayon de la courbe que peut suivre une machine, on voit qu'une courbe en S est dans de moins bonnes conditions qu'une courbe continue, et que si un rayon 1 suffit pour celle-ci, il faut un rayon 2 pour celle-là.

Cette observation, d'une valeur minime lorsque les rayons atteignent 7 à 800^m, devient très importante lorsqu'ils sont égaux ou inférieurs à 300^m, et c'est le cas ordinaire des changements de voie.

Il est donc utile et même nécessaire de ménager, entre les deux parties de la courbe en S, une portion de droite au moins égale à la longueur d'une machine ; cette disposition a d'ailleurs l'avantage de diminuer les causes de chocs sur la pointe.

Cherchons à introduire ces nouvelles conditions dans nos formules, et remarquons d'abord que la solution du problème serait la même que celle du problème précédent, si nous connaissions les coordonnées d'un point tel que K, situé sur le cercle tangent à l'extrémité B de l'aiguille A B (fig. 66, pl. 6) et tel que la tangente K P fût parallèle à A C.

Désignons par x et y les coordonnées du point K ; par l la longueur A B de l'aiguille ; par e la largeur des rails ; par d la distance B H laissée entre l'aiguille et le rail ; par α l'angle que forme la direction de l'aiguille avec la droite A C : la tangente B T formera avec K P un angle égal à α.

Si nous menons le rayon $OB = R$, et si nous tirons la droite Bk parallèle à PK, nous aurons :

$$\text{angle } BOK = \alpha.$$

$$x = Bk = OB \times \sin\alpha = R \sin\alpha.$$

Or,

$$\sin\alpha = \frac{BH}{BA} = \frac{e+d}{l} \, ;$$

d'où

$$x = R\frac{e+d}{l} \, ;$$

et

$$y = R \pm \sqrt{R^2 - x^2}$$

$$y = R \pm \sqrt{R^2 - \left(R\frac{e+d}{l} \right)^2}.$$

Si l'on fait $e = 0.06$, $d = 0.05$, $l = 6^m.00$, le rayon moyen égal à 300^m, on aura : $R = 300.725$;

d'où $\quad x = 300.725 \times \dfrac{0.11}{6.00} = 5.513$

et

$$y = 300.725 \pm \sqrt{300.725^2 - \left(300.725\frac{0.06+0.05}{6.00} \right)^2} = 0.05.$$

Dès lors le point F, rapporté aux axes KP et KO, aura pour ordonnée y', la largeur intérieure de la voie $1^m.45$, diminuée de $IK = BH - Kk$; soit $1.45 - 0,110 + 0.05$, ou

$$y' = 1.39,$$

et pour abscisse

$$x' = \sqrt{2Ry - y^2} = \sqrt{2 \times 300.725 \times 1.39 - 1.39^2}$$

$$= \sqrt{836.01 - 1.93} = \sqrt{834.08} = 28.89.$$

L'angle α du croisement sera donné par la formule :

$$\text{tang. } \alpha' = \frac{R - y}{x'} = \frac{28.89}{300.725 - 1.39} ;$$

d'où

$$\alpha' = 5° 30' 40''.$$

Nous avons indiqué précédemment qu'il y avait intérêt à placer le croisement dans un alignement ; ce dernier pourrait commencer à la pointe même, mais il vaut mieux que la portion de ligne droite commence un peu avant.

Pour obtenir ce résultat, il suffit de reporter le point de tangence en avant du point F, comme en L (fig. 66), ce qui revient à diminuer l'angle α' d'une quantité telle que la droite ait une longueur d'un mètre environ.

Nous ferons donc en nombre rond $\alpha'' = 5° 20'$, dont la tangente $= 0,9426$, et dès lors on aura pour l'abscisse du point L

$$\begin{aligned}
x'' &= R \sin \alpha'', \\
&= 300.725 \times \sin 5° 20', \\
&= 27.952 ;
\end{aligned}$$

et

$$\begin{aligned}
y'' &= R - R \cos \alpha, \\
&= 300.725 - 300.725 \cos \alpha ;
\end{aligned}$$

d'où

$$y'' = 1.302.$$

Le point Q où la tangente en L rencontre la voie droite a la même ordonnée y'' que le point F ; quant à son abscisse x''', elle se détermine facilement, car on a :

$$x''' = KS = KM + MS = x'' + \frac{QR}{\text{tang } \alpha''} = x'' + \frac{y' - y''}{\text{Tg. } \alpha''}$$

$$= 27.952 + \frac{1.39 - 1.302}{\text{tang } 5°20'} = 27.952 + 0.934 = 28.895.$$

Ces cotes déterminées, on peut vouloir les rapporter au point A,

— 46 —

extrémité de l'aiguille ; cherchons donc les coordonnées p et q du point K par rapport au point A.

A cet effet, remarquons que

$$p = \mathrm{AI} = \mathrm{AB} \times \cos. \alpha - x$$
$$= 6.00 \cos 1°03' - 5.513$$
$$= 0.486.$$

De même,

$$q = \mathrm{BH} - y = d + e - y$$
$$= 0.11 - 0.05$$
$$= 0.06.$$

Par suite, les coordonnées du point L par rapport au point A seront :

$$\mathrm{X}'' = x'' + q = 27.952 + 0.486 = 28.438 .$$
$$\mathrm{Y}'' = y'' + p = 1.302 + 0.06 = 1.362 ;$$

et celles du point Q :

$$\mathrm{X}''' = x''' + p = 28.895 + 0.486$$
$$= 29.381,$$
$$\mathrm{Y} = \text{la longueur intérieure de la voie} = 1.45.$$

La longueur de la droite LQ sera :

$$\mathrm{LQ} = \frac{\mathrm{QR}}{\sin \alpha} = \frac{0.088}{\sin 5°20} = 0.946.$$

Pour terminer la solution de ce problème, nous n'avons plus qu'à rechercher le développement de l'arc BL.

L'angle au centre de cet arc est évidemment égal à $\alpha'' - \alpha'$, et, les arcs étant proportionnels aux angles qu'ils mesurent, on aura, en prenant la minute pour unité de mesure des angles :

$$\text{arc } \mathrm{BL} = \frac{5° \times 60' + 20' - 1° \times 60' + 3'}{360° \times 60'} \times 2\pi r$$
$$= \frac{257}{21600} \times 2 \times 3,1416 \times 300,725$$
$$= 22^{\mathrm{m}}.482.$$

La longueur de la partie droite qui relie les deux courbes formant le changement doit avoir au moins la longueur qui sépare les deux essieux extrêmes d'une machine, c'est-à-dire 5^m.50 environ.

Dans le cas particulier où le changement relie deux voies parallèles, la longueur de l'alignement se trouve naturellement déterminée par la condition de symétrie des appareils placés en **A** et **B**, ainsi que l'indique la fig. 59.

Calcul des changements à trois voies.

Un changement à trois voies peut être considéré comme résultant de la réunion de deux changements à deux voies placés en déviation; les résultats des calculs précédents nous donneront donc les cotes relatives aux pointes des croisements placés en Q, Q' (fig. 67), et il ne restera plus qu'à déterminer l'angle du croisement B et les coordonnées de la pointe de ce croisement.

Il est évident que le point B est sur l'axe de la voie, et dès lors que son ordonnée, rapportée à la droite IC, sera :

$$\frac{1.45}{2} = 0.725;$$

rapportée à **KP**, elle deviendra :

$$0.725 - q = 0.725 - 0.06 = 0.665;$$

son abscisse, par rapport à **K**, sera donc :

$$x = \sqrt{2Ry - y^2},$$

ou

$$= \sqrt{2 \times 300.725 \times 0.665 - \overline{0.665}^2} = \sqrt{399.9642 - 0.4422}$$

$$= \sqrt{399.522}$$

$$x = 19.98.$$

Il est bien entendu que ces cotes sont rapportées au point **K**, et, par suite, que l'abscisse du point de croisement par rapport au point A est égale à

$$19.98 + p = 19.98 + 0.486 = 20.466,$$

et son ordonnée égale à 0.725.

Enfin l'angle du croisement est le double de l'angle α ;

or

$$\tang \alpha = \frac{x}{R - y} = \frac{19.98}{300.725 - 0.665}.$$

$$= \frac{19.98}{300.06} = 0.066586 ; \text{ d'où } \alpha = 3° 48' 45'' ;$$

et l'angle réel 7° 37' 30'', dont la tangente $= 0.13387$, soit 0.134.

Cet angle convient également au changement à deux voies reliant deux voies symétriques.

Ainsi, en principe, il suffit de deux types de croisements pour les changements à deux et à trois voies.

Inconvénients de la multiplicité des types des croisements.

Il arrive souvent que l'on ne peut disposer d'un emplacement suffisant pour loger un changement établi dans les conditions que nous venons d'examiner.

On y remédie dans beaucoup de compagnies en faisant varier l'angle du croisement et le rayon des courbes : c'est ainsi que le chemin de fer de Lyon a 18 types de croisements commençant à tangente $0^m.07$ et finissant à tangente $0^m.24$. Une si grande multiplicité d'appareils est inutile et augmente les prix d'établissement et d'entretien d'une ligne ; elle n'est point nécessaire, puisqu'on peut modifier la longueur totale de l'appareil en faisant varier le rayon des courbes, et en ne faisant usage que des deux types de croisements indispensables pour la construction des changements à trois voies.

C'est ce que montre le tableau suivant, pour les cas extrêmes :

RAYON des COURBES.	TANGENTE DE L'ANGLE du CROISEMENT.	DISTANCE DU TALON de L'AIGUILLE A LA POINTE.
R = 300	0.094	23.38
R = 150	0.094	19.09
R = 150	0.134	17.66

Calculs relatifs au rabotage des aiguilles.

Quand on a la longueur de l'aiguille et son écartement au talon, il est facile d'obtenir la longueur ab de la partie rabotée (fig. 17); mais il est à remarquer que, si l'on rabotait ainsi les rails Vignole à double champignon, on ferait disparaître une partie de la tige, et le champignon, mal soutenu, se présenterait dans de très mauvaises conditions de durée.

Pour obvier à cet inconvénient, on coude le rail en c (fig. 17), point où le champignon vient rencontrer la file de rails $a\,c$; ce coude doit être tel que la face extérieure de la tige passe par le point a.

PRIX COMPARATIFS DES DIVERS SYSTÈMES DE CHANGEMENTS DE VOIES.

Nous avons examiné précédemment les conditions d'établissement des changements de voies ; il ne nous reste plus, pour terminer cette étude, qu'à montrer l'influence du système de construction sur le prix de revient.

CHANGEMENTS A DEUX VOIES.

ARTICLE 1er. — *Changements à deux voies en rails à double champignon ou en rails Vignole.*

DÉSIGNATION DES PIÈCES.	POIDS.	PRIX de l'unité.	PRODUIT.	PRIX total.
	kil.	fr. c.	fr. c.	fr. c.
Aiguilles. { 2 aiguilles de 5m.00 à 37k.00 le m. courant	370.	» 30 (1)	111 »	
Rails. { 2 rails de 5m.00 à 37k.00 le mètre. courant	370.	» 30	111 »	
Ferrures. { 3 tiges de connexion	42.8			
1 tige de manœuvre.	22.0			
1 levier de manœuvre.	16.4			
23 boulons pour coussinets, éclisses, paliers et contre-poids.	10.2			
	91.4	» 85 (2)	77 69	
Fontes. { 12 coussinets de glissement. . . .	155.4			
2 coussinets de talon	32.4			
1 boîte en fonte et ses paliers . . .	51.5			
1 moufle à tourillon pour levier de manœuvre.	25.2			
1 contre-poids pour levier de manœuvre	37.6			
	302.1	» 25 (3)	75 52	
Main-d'œuvre : rabotage, assemblage, façon (4).	. . . . .	. . . .	125 »	
				500 21

ART. 2. — *Changement à deux voies en rails rectangulaires.*

DÉSIGNATION DES PIÈCES.	POIDS.	PRIX de l'unité.	PRODUIT.	PRIX total.
Aiguilles. { 2 aiguilles de 5m.00 à 55k.3 le m. courant	553.0	» 30	165 90	
Rails. { 2 rails de 5.00 à 55k.3 le mètre courant	553.0	» 30	165 90	
Ferrures, comme ci-dessus.			77 69	
Fontes, comme ci-dessus.			75 52	
Main-d'œuvre, comme ci-dessus.			125 »	610 01

(1) Le prix des rails peut descendre à 0,26. — (2) Marché Voruz avec la Cie d'Orléans. — (3) Les coussinets peuvent s'obtenir à 0,20. Nous avons conservé les prix du marché Voruz. — (4) Marché Voruz avec la Cie d'Orléans.

Art. 3. — *Changement à double champignon avec cornières* (Disposition Lemasson).

DÉSIGNATION DES PIÈCES.	POIDS.	PRIX de l'unité.	PRODUIT.	PRIX total.
	kil.	fr. c.	fr. c.	fr. c.
Aiguilles. 2 portions d'aiguilles de 3ᵐ.00 de longueur, à 37ᵏ.00 le mètre courant	222.0			
2 portions de contre-rails d'aiguille de 2ᵐ.00 de longueur, à 37ᵏ.00 le mètre courant.	148.0			
	370.0	» 30	111 »	
Rails. . . 2 portions d'aiguille de 2ᵐ.00 de longueur, à 37ᵏ.00 le mètre courant	148.0			
2 portions de contre-rails d'aiguille de 3ᵐ.00 de longueur, à 37ᵏ.00 le mètre courant.	222.0			
	370.0	» 30	111 »	
Ferrures. 44 cornières	99.0			
20 éclisses	80.5			
6 bouts d'éclisse.	5.0			
10 plaques de glissement.	17.0			
1 guide	5.5			
2 entretoises ordinaires.	21.0			
1 entretoise à œil.	11.0			
2 bagues d'entretoisement.	1.0			
75 boulons assortis.	75.0			
1 tringle de manœuvre	22.0			
1 levier de manœuvre.	16.4			
	353.4	» 85	300 39	
Fontes. . 1 boîte en fonte et ses paliers . . .	51.5			
1 moufle à tourillon pour le levier de manœuvre	25.2			
1 contre-poids pour le levier de manœuvre.	37.6			
	114.3	» 25	28 58	
Main-d'œuvre : cémentation, rabotage, assemblage, façon.	. . . . .	. . . . .	135 »	
				685 97

Art. 4. — *Changements à deux voies en rails* Brunel.

DÉSIGNATION DES PIÈCES.	POIDS.	PRIX de l'unité.	PRODUIT.	PRIX total.
	kil.	fr. c.	fr. c.	fr. c.
Aiguilles. { 2 rails à double patte de 5^m.00 pour aiguilles, à 43^k.50 le mètre courant	435.00	» 30	130 50	
Rails. . . { 2 rails à simple patte de 5^m.00 de longueur, à 37^k.00 le mètre courant	370.00	» 30	111 »	
Ferrures : tôles, rivets, boulons, ferrures diverses.	329.80	» 85	280 33	
Fontes, comme ci-dessus.	114.30	» 25	28 58	
Main-d'œuvre : cémentation, rabotage, assemblage (1)	. . . . .	. . . . .	195 »	
				745 41

(1) Ce prix résulte des marchés du Midi.

En résumant ces nombres, nous trouvons que :

Le changement ordinaire en rails à double champignon ou en rails Vignole revient à . . . . 500 fr. 21 c.

Le changement ordinaire en rails à section rectangulaire. . . 610   01

Le changement avec cornières et rails à double champignon. 685   97

Le changement en rails Brunel. 745   41

C'est-à-dire que le changement construit avec des rails à double champignon ou avec des rails Vignole constitue l'appareil le plus économique au point de vue de la dépense de premier établissement. Quant au changement Lemasson, si avantageux pour l'entretien, son prix d'établissement est un des plus élevés. Ce résultat tient uniquement à l'introduction des ferrures mises en remplacement des coussinets ; or, rien n'empêche de revenir à cette disposition, d'autant que les coussinets les plus exposés à la rupture peuvent être remplacés par des éclisses.

Dans ces conditions, le prix de l'appareil devient :

ART. 5. — *Changement à deux voies avec coussinets et éclisses.*

DÉSIGNATION DES PIÈCES.	POIDS.	PRIX de l'unité.		PRODUIT.		PRIX total.	
	kil.	fr.	c.	fr.	c.	fr.	c.
Aiguilles, comme à l'article 3	. . . . .	. . . . .		111	»		
Rails, comme à l'article 3.	. . . . .	. . . . .		111	»		
Ferrures. { 3 tiges de connexion	42.8						
1 tige de manœuvre.	22.0						
1 levier de manœuvre.	16.4	» 85		81	60		
19 boulons de coussinets	7.2						
16 boulons d'éclisses.	7.6						
4 paires d'éclisses.	36.0	» 34		12	24		
Fontes. { 12 coussinets de glissement. . . .	155.4						
1 boîte en fonte et paliers.	51.5						
1 moufle à tourillon.	15.2						
1 contre-poids.	37.6						
	269.7	» 25		67	42		
Main-d'œuvre : cémentation, rabotage, assemblage, façon.	. . . . .	. . . . .		125	»	508	26

Prix qui est sensiblement le même que celui du changement ordinaire.

Examinons maintenant les modifications de prix qu'entraîne la substitution de l'acier dans la construction des changements de voies, mais en ne nous occupant que du changement ordinaire et du changement Lemasson modifié comme nous venons de le dire.

Les usines donnent aujourd'hui :

L'acier puddlé à . . . . 600 fr.
L'acier Verdié à 770
L'acier fondu à 1,100

Dans ces conditions les prix des appareils sont :

Art. 6. — *Changements en rails à double champignon ou en rails Vignole en* acier puddlé.

DÉSIGNATION DES PIÈCES.	POIDS.	PRIX de l'unité.	PRODUIT.	PRIX total.
	kil.	fr. c.	fr. c.	fr. c.
2 aiguilles, comme à l'article 1	370	» 60	222 »	
2 rails, comme à l'article 1	370	» 60	222 »	
Ferrures, fontes et main-d'œuvre (1)	. . . . .	. . . .	218 21	
				662 21

Art. 7. — *Changements en rails à double champignon ou en rails Vignole en* acier Verdié.

DÉSIGNATION DES PIÈCES.	POIDS.	PRIX de l'unité.	PRODUIT.	PRIX total.
2 aiguilles et 2 rails, comme ci-dessus. . . .	740	» 77	569 80	
Ferrures, fontes et main-d'œuvre.	. . . . .	. . . .	218 21	
				788 01

Art. 8. — *Changements en rails à double champignon ou en rails Vignole en acier fondu.*

DÉSIGNATION DES PIÈCES.	POIDS.	PRIX de l'unité.	PRODUIT.	PRIX total.
2 aiguilles et 2 rails, comme ci-dessus. . . .	740	1 10	811 »	
Ferrures, fontes et main-d'œuvre	. . . . .	. . . .	218 21	
				1029 21

Art. 9. — *Changements en rails à double champignon et cornières Lemasson en fer de bonne qualité.*

DÉSIGNATION DES PIÈCES.	POIDS.	PRIX de l'unité.	PRODUIT.	PRIX total.
2 aiguilles et 2 rails, comme à l'article 5. . . .	370	» 40	148 »	
2 compléments d'aiguilles et 2 compléments de rails	370	» 40	148 »	
Ferrures, comme à l'article 5.	. . . . .	. . . .	93 84	
Fontes, comme à l'article 5	. . . . .	. . . .	67 42	
Main-d'œuvre	. . . . .	. . . .	125 »	
				582 26

Art. 10. — *Changements en rails à double champignon Lemasson modifié en acier puddlé et fer de bonne qualité.*

DÉSIGNATION DES PIÈCES.	POIDS.	PRIX de l'unité.	PRODUIT.	PRIX total.
2 aiguilles et 2 rails, comme à l'article 3. . . .	370	» 60	222 »	
2 compléments d'aiguilles et 2 compléments de rails, comme à l'article 3 (2)	370	» 40	148 »	
Ferrures, fontes, main-d'œuvre, comme à l'article 5 (3)	. . . . .	. . . .	226 26	
				596 26

(1) Comme à l'art. 1er, sauf déduction de 60 fr. pour cémentation de 3 mètres de rails pour aiguilles et contre-aiguilles. — (2) Rails en acier puddlé. — (3) Rails et aiguilles en fer de bonne qualité, moins 60 fr. de cémentation.

Art. 11. — *Changements en rails à double champignon Lemasson modifié en acier Verdié et fer de bonne qualité.*

DÉSIGNATION DES PIÈCES.	POIDS.	PRIX de l'unité.	PRODUIT.	PRIX total.
	kil.	fr. c.	fr. c.	fr. c.
2 aiguilles et 2 rails, comme ci-dessus.	370	» 77	284 90	
2 compléments d'aiguilles et 2 compléments de rails, comme ci-dessus	370	» 40	148 »	
Ferrures, fontes et main-d'œuvre, comme ci-dessus.	. . . .	. . . .	226 26	
				659 26

Art. 12. — *Changements en rails à double champignon Lemasson modifié en acier fondu et fer de bonne qualité.*

DÉSIGNATION DES PIÈCES.	POIDS.	PRIX de l'unité.	PRODUIT.	PRIX total.
2 aiguilles et 2 rails, comme ci-dessus. . . .	370	1 10	407 »	
2 compléments d'aiguilles et 2 compléments de rails.	370	» 40	148 »	
Ferrures, fontes et main-d'œuvre, comme ci-dessus.	. . . .	. . . .	226 26	
				781 26

En résumant ces nombres, on a :

DÉSIGNATION DE L'APPAREIL.	RAILS			
	en fer	en acier puddlé	en acier Verdié	en acier fondu
	fr. c.	fr. c.	fr. c.	fr. c.
Changement ordinaire en rails à double champignon ou VIGNOLE	500 21	622 21	788 01	1029 21
Changement LEMASSON modifié, en rails à double champignon ou en rails VIGNOLE.	502 26	596 26	659 26	781 26

C'est-à-dire que la seconde disposition permet de réaliser, dès la construction, une économie variant de 65 fr. 95 c. à 247 fr. 95 c. par appareil, suivant la nature de l'acier employé; et que les prix résultant de la substitution des diverses sortes d'acier au fer sont, pour cette même disposition, dans le rapport de 1 à 1,11, de 1 à 1,20 et de 1 à 1,32.

Nous avons montré précédemment que les durées respectives des rails en fer, en acier puddlé, en acier Verdié et en acier fondu, sont comme 1 : 1,7 : 6 : 6; par suite, pour une même durée de rails, les prix sont entre eux comme 1 : 0,664 : 0,207 : 0,242.

Ainsi, sans tenir compte de la plus-value des prix de revente des vieux matériaux, on a un très grand intérêt à faire les aiguilles en acier Verdié.

CROISEMENTS DE VOIES.

Art. 1er. — *Croisement en rails à double champignon.*

DÉSIGNATION DES PIÈCES.	POIDS.	PRIX de l'unité.	PRODUIT.	PRIX total.
	kil.	fr. c.	fr. c.	fr. c.
Rails. { 2 rails de la voie, de 5m.00 l'un, à 37k.00 le mètre courant (1)	370	» 30	111 »	
2 contre-rails pour les rails de la voie, de 3m.00 l'un	222	» 30	66 60	
2 rails après la pointe, de 1m.50 l'un.	111	» 30	33 30	
2 pattes de lièvre, de 3m.40 l'une.	252	» 30	75 60	
1 pointe.	61.1	» 75	45 75	
Ferrures. { 2 éclisses pour la pointe.	9	» 35	3 15	
1 clavette pour la pointe.	0.4	» 80	» 32	
4 boulons.	2.0	» 80	1 60	
Fontes : 14 coussinets	266.00	» 25	66 66	
Main-d'œuvre : assemblage des pièces, cémentation, etc.			100 »	
				503 98
Art. 2. — *Croisement en fer rectangulaire.*				
Rails. { 4 rails, 2 contre-rails et 1 pointe, comme ci-dessus.			256 65	
2 pattes de lièvre, de 3m.40 l'une, à 55k.3 le mètre courant.	376	» 30	112 80	
Ferrures, fontes et main-d'œuvre, comme à l'article 1			171 73	
				541 18
Art. 3. — *Croisement en rails Vignole.*				
Rails et pointe, comme à l'art. 1.			322 25	
Ferrures et main-d'œuvre, comme à l'article 1.			105 07	
Tôles diverses.	60	» 44	26 40	
Boulons entretoises	20	» 80	16 »	
				479 72

(1) Rails en fer ordinaire.

Art. 4. — *Croisement* Brunel.

DÉSIGNATION DES PIÈCES.	POIDS.	PRIX de l'unité.		PRODUIT		PRIX total	
	kil.	fr.	c.	fr.	c.	fr.	c.
Rails. . . { 2 rails de la voie de 5^m.00. à 43^k.5 le mètre courant.	435	»	30	130	50		
2 contre-rails de la voie de 3^m.00, à 30^k.0 le mètre courant. . . .	180	»	30	54	»		
2 rails après la pointe de 1^m.50, à 43^k.5 le mètre courant.	130	»	30	39	»		
2 pattes de lièvre de 3^m.40, à 43^k.5 le mètre courant.	295	»	30	88	80		
1 pointe.	84	1	»	84	»		
Tôles, rivets, boulons, main-d'œuvre, assemblage (1)	907	. . . . .		410	»		
						806	30

Art. 5. — *Croisement* Lemasson.

DÉSIGNATION DES PIÈCES.	POIDS.	PRIX de l'unité.		PRODUIT		PRIX total	
Rails. . . { 2 rails de la voie, de 5^m.00 l'un, à 37^k le mètre courant.	370	»	30	111	»		
2 pattes de lièvre de 1^m.00 de longueur, à 37^k.	74	»	30	22	20		
2 rails de 2^m.40 pour compléter les pattes de lièvre	178	»	30	53	40		
2 contre-rails de 3^m.00 pour les rails de la voie.	222	»	30	66	60		
2 rails de 1^m.50 après la pointe. .	111	»	30	33	30		
1 pointe.	61	»	75	45	75		
Ferrures. { 40 équerres. . . . . 82^k ; 26 boulons d'éclisses. . . . . 105 ; 3 boulons à œil . . . . 5 ; 12 bagnes d'écartement. . . . 4 ; 2 pattes d'écartement . . . . 4 ; 32 boulons 55	253	»	75	191	25		
Main-d'œuvre, assemblage, cémentation, façon.	. . . . .	. . . . .		100	»		
						623	50

En résumant ces nombres, on voit que le croisement en rails ordinaires coûte. . . . . 503 fr. 98 c.

Le croisement en rails rectangulaires. 541   18

   —   —   Vignole. 479   72

   —   —   Brunel. 806   30

   —   —   Lemasson 623   50

(1) Marché du Midi.

C'est-à-dire que le rail Vignole est de tous les rails celui qui se prête le mieux à la confection économique d'un croisement de voie.

On peut aussi, comme pour le changement, n'employer l'acier que pour les parties du croisement soumises à une usure exceptionnelle. Dans ce cas, il faudrait compter les pointes en acier puddlé à 85 fr.; celles en acier Verdié à 100 fr., et celles en acier fondu à 145 fr.

Le prix des croisements *tg* 0,13 est sensiblement le même que celui des croisements *tg* 0,09; nous n'en parlerons donc pas.

CHANGEMENTS A TROIS VOIES.

Les prix des divers changements à trois voies peuvent s'établir comme suit :

Changement avec rails à double champignon ou rails Vignole en fer.

DÉSIGNATION DES PIÈCES.	POIDS.	PRIX de l'unité.	PRODUIT	PRIX total.
	kil.	fr. c.	fr. c.	fr. c.
Rails... { 2 aiguilles de 5ᵐ.00, à 37ᵏ le mètre courant	370.00	» 30	111 »	
2 aiguilles de 4ᵐ.30, à 37ᵏ le mètre courant	318.20	» 30	95 46	
2 rails de 5ᵐ.00, à 37ᵏ le mètre courant	370.00	» 30	111 »	
Ferrures. { 4 tiges de connexion	55.00			
2 tringles de manœuvre.	51.00			
2 leviers de manœuvre	39.30			
42 boulons p. heurtoirs, éclisses, etc.	21.05			
5 éclisses spéciales	5.20			
	171.55	» 85	145 82	
Fontes. . { 18 coussinets de glissement	271.30			
2 coussinets de talon	52.90			
1 support à paliers pour levier de manœuvre.	58.00			
2 moufles à tourillon pour levier de manœuvre.	43.60			
2 contre-poids pour levier de manœuvre.	75.20			
	501.00	» 25	125 25	
Main-d'œuvre : assemblage, cémentation, etc.			165 »	
				753 53

Changement avec rails Brunel.

DÉSIGNATION DES PIÈCES.	POIDS.	PRIX de l'unité.	PRODUIT	PRIX total.
	kil.	fr. c.	fr. c.	fr. c.
Rails. . . { 2 aiguilles de 5^m.00, à 43^k.5 le mètre courant.	435	» 30	130 50	
2 aiguilles de 4^m.30, à 43^k.5 le mètre courant.	374	» 30	112 20	
2 rails à simple patte de 5^m.00, à 37^k le mètre courant.	370	» 30	111 »	
Ferrures. { 4 tiges de connexion	55.00			
2 tringles de manœuvre.	51.00			
2 leviers de manœuvre	39.30			
Tôles diverses , rivets , boulons, glissières et pivots.	373.72			
	519.02	» 85	441 16	
Fontes. . { 1 support à paliers pour levier de manœuvre.	58.00			
2 moufles à tourillon pour levier de manœuvre	43.60			
2 contre-poids pour levier de manœuvre.	75.20			
	176.80	» 25	44 20	
Main-d'œuvre : assemblage, façon, cémentation, etc..	. . . .	. . . .	180 »	
				1019 06

Changement Lemasson.

DÉSIGNATION DES PIÈCES.	POIDS.	PRIX de l'unité.	PRODUIT	PRIX total.
Rails. . . { 2 portions d'aiguille de 3^m.00, à 37^k le mètre courant.	222			
2 portions d'aiguille de 2^m.30, à 37^k le mètre courant.	170.2			
2 portions de contre-rails d'aiguille de 2^m.00, à 37^k le m. courant.	148			
	540.2	» 30	162 06	
2 portions d'aiguille de 2^m.00, à 37^k le mètre courant.	148.0			
2 id. id. . . .	148.0			
2 portions de contre-rails de 3^m.00, à 37^k le mètre courant. . . .	222.0			
	518.0	» 30	155 40	
Ferrures. { 4 tiges de connexion	55.0			
2 tringles de manœuvre.	51.0			
2 leviers de manœuvre	39.3			
68 équerres	166.0			
28 éclisses	112.0			
2 bouts d'éclisse.	2.0			
10 glissières	17.0			
Boulons divers.	95.0			
	537.3	» 85	456 70	774 16

Changement Lemasson (Suite).

DÉSIGNATION DES PIÈCES.	POIDS.	PRIX de l'unité.		PRODUIT.		PRIX total.	
	kil.	fr.	c.	fr.	c.	fr.	c.
Report.	. . . . .	. . . . .		774	16		
Fontes. 1 support à paliers pour levier de manœuvre.	58.0						
2 moufles à tourillon pour levier de manœuvre	43.6						
2 contre-poids pour levier de manœuvre	75.2						
	176.80	» 25		44	20		
Main-d'œuvre : assemblage, cémentation, etc.	. . . . .			165	»		
						983	36

En résumant ces nombres, on a pour le prix du changement à trois voies en rails ordinaires ou en rails Vignole. . . . . 753 fr. 53 c.

Changement à trois voies en rails ordinaires Brunel. . . . 1,019 06

— (disposition Lemasson). . . 983 36

On peut faire pour ces appareils les observations qui ont été faites pour les changements à deux voies, relativement à la substitution de l'acier au fer ; les résultat généraux étant les mêmes. nous ne nous en occuperons pas.

TRAVERSÉES DE VOIES

Les prix des différents systèmes de traversées de voies peuvent s'établir comme suit :

Traversée en rails à double champignon.

DÉSIGNATION DES PIÈCES.	POIDS.	PRIX de l'unité.		PRODUIT.		PRIX total.	
	kil.	fr.	c.	fr.	c.	fr.	c.
Rails. 4 rails pointés de 2^m.18 de longueur, à 37^k le mètre courant .	322.6						
2 contre-rails de 5^m.00 de longueur, à 37^k le mètre courant.	370						
2 rails infléchis de 4^m.00 de longueur, à 37^k le mètre courant.	296						
	988.6	» 30		296	58		
Ferrures. 4 plaques d'appui.	10.8						
14 boulons.	6.2						
4 clavettes	0.2						
	17.2	» 85		14	62	311	20

Traversée en rails à double champignon (Suite).

DÉSIGNATION DES PIÈCES.	POIDS.	PRIX de l'unité.	PRODUIT.	PRIX total.
	kil.	fr. c.	fr. c.	fr. c.
Report.	. . . . .	. . . . .	311 20	
Fontes : 18 coussinets.	406.6	» 25	101 65	
Main-d'œuvre : assemblage, cémentation, fa-çon, etc.	. . . .	. . . .	140 »	552 85
Traversée en rails Vignole.				
Rails, comme ci-dessus	. . . .	. . . .	296 58	
Ferrures, comme ci-dessus			14 62	
— Tôles diverses.	120	0 45	54 »	
Main-d'œuvre, comme ci-dessus.	. . . .	. . . .	140 »	505 20

Les traversées de voies exécutées en rails Brunel auraient un prix de revient supérieur aux précédents.

Nous avons indiqué précédemment deux systèmes de montage sur charpente des appareils de la voie. Dans l'un, les changements et les croisements sont posés sur traverses relevées par des longrines, et les voies aboutissant au changement sur traverses distinctes; dans l'autre, les changements et les croisements sont fixés sur des longrines, et les voies sur des traverses communes. Nous avons fait remarquer que le second système avait l'avantage de permettre le montage définitif à l'atelier, et de rendre plus facile le bourrage des voies. Examinons maintenant le prix de revient comparatif de ces deux systèmes.

CHANGEMENT A DEUX VOIES.

1er SYSTÈME.				2e SYSTÈME.			
DÉSIGNATION DES PIÈCES.	Equarrissage.	Longueur.	Cube.	DÉSIGNATION DES PIÈCES.	Equarrissage.	Longueur.	Cube.
Aiguilles.				*Aiguilles.*			
2 longrines	25/10	7.00	0.350	4 longrines	25/10	7.00	0.700
8 traverses	25/13	2.20	0.572	2 traverses	25/13	2.20	0.143
1 traverse pour levier de manœuvre.	35/13	4.50	0.205	1 traverse pour levier de manœuvre.	35/13	4.50	0.205
Voies.				*Voies.*			
48 traverses	25/13	2.70	4.212	3 traverses	25/13	2.50	0.244
				3 id.	»	2.65	0.258
				4 id.	»	2.80	0.364
				2 id.	»	2.95	0.191
				5 id.	»	3.10	0 503
				1 id.	»	3.30	0.215
				4 id.	»	3.50	0.455
				1 id.	»	3.70	0.120
Croisement.				*Croisement.*			
2 longrines	25/10	5.5	0.275	2 longrines pour pointe . . .	30/13	5.50	0.858
2 traverses	25/13	3.30	0.215	2 id. pour contre-rails.	45/13	5.50	0.443
2 id.	30/13	3.60	0 280	1 traverse.	25/13	3.60	0.117
2 id.	25/13	3.80	0.247	2 id.	25/13	3.80	0.247
Cube total.			4.250	Cube total.			5.063

CHANGEMENT A TROIS VOIES.

Changement.				*Changement.*			
2 longrines	25/10	7.00	0.350	4 longrines	25/13	7.00	0.908
9 traverses	25/13	2.50	0.731	3 traverses	25/13	2.50	0.244
1 traverse pour levier de manœuvre.	50 13	4.50	0.292	1 traverse pour levier de manœuvre.	50/13	4.50	0.292
A reporter. . .			1.373	*A reporter. . .*			1.444

1er SYSTÈME.				2e SYSTÈME.			
DÉSIGNATION DES PIÈCES.	Equarrissage.	Longueur.	Cube.	DÉSIGNATION DES PIÈCES.	Equarrissage.	Longueur.	Cube.
Report.			1.373	*Report.*			1.444
Voies.				*Voies.*			
26 traverses	25/13	2.80	2.366	2 traverses	25/13	2.80	0.182
				5 id.	25/13	3.10	0.503
				6 id.	25/13	3.50	0.682
Croisement de 0m.13.				*Croisement de 0m.13.*			
2 longrines	30/10	5.30	0.318	2 longrines pour contre-rails.	35/13	5.30	0.482
2 traverses	25/13	3.30	0.215	3 id. id.	15/13	2.70	0.105
1 id.	25/13	3.40	0.110	4 id. pour pointe et voie.	32/13	5.30	0.880
1 id.	25/13	3.50	0.114	2 traverses	25/13	3.60	0.234
1 id.	25/13	3.90	0.127	2 id.	25/13	3.90	0.253
Voies.				*Voies.*			
9 traverses	25/13	2.70	0.790	2 traverses	25/13	4.50	0.439
Croisements de 0m.09.				*Croisements de 0m.09.*			
4 longrines	30/10	5.50	0.660	4 longrines	30/13	5.50	0.858
1 traverse	25/13	4.40	0.117	2 id.	45/13	5.50	0.443
1 id.	25/13	4.60	0.150	1 traverse	25/13	4.08	0.156
1 id.	25/13	5.00	0.163	1 id.	25/13	5.02	0.169
1 id.	25/13	5.10	0.168	1 id.	25/13	5.40	0.175
1 id.	25/13	5.40	0.175				
1 id.	25/13	5.60	0.184				
Cube total.			7.030	Cube total.			7.005
TRAVERSÉE.							
13 longrines	30/10	6.30	0.567	6 longrines	22/13	6.30	1.080
6 traverses	25/13	3.50	0.683	3 traverses	25/13	2.60	0.224
5 id.	25/13	3.50	0.568				
Cube total.			1.818	Cube total.			1.304

Il nous resterait encore à examiner les prix définitifs des divers changements et croisements de voies tout montés; mais ce travail nous entraînerait trop loin, et ne serait d'aucune utilité pour le but que nous nous sommes proposé; nous nous bornerons à compléter les documents qui précèdent par quelques prix relatifs au montage des appareils.

Les prix qui suivent sont extraits des carnets d'attachement de l'atelier de charpente du chemin de fer de Saint-Germain; ils se rapportent à des changements de voies avec aiguilles de 5m.00, en rails à double champignon posés sur traverses reliées par des moises, et avec coussinets fixés au moyen de vis à bois.

CHANGEMENT A DEUX VOIES.

DÉSIGNATION DES OUVRAGES.	NOMBRE d'heures.	PRIX		
		de l'unité.	partiel.	total.
		fr. c.	fr. c.	fr. c.
Coltinage et mise en chantier des bois composant les châssis du changement.	2	» 50	1 »	
Ajustage et montage des ferrures, rabotage avec vis à bois, pose des moises, assemblage des bois. . . .	28	» 50	14 »	
				15 »

Croisement pour changement à deux voies.

	NOMBRE d'heures.	de l'unité.	partiel.	total.
Coltinage et mise en chantier des bois composant le châssis du croisement.	2	» 50	1 »	
Ajustage et montage des ferrures, rabotage, assemblage des bois, etc.	28	» 50	14 »	
				15 »

Changement à trois voies.

	NOMBRE d'heures.	de l'unité.	partiel.	total.
Coltinage et mise en chantier des bois.	2	» 50	1 »	
Ajustage et montage des ferrures, rabotage, assemblage des bois.	30	» 50	15 »	
				16 »

Croisement angle tangente 13°.

	NOMBRE d'heures.	de l'unité.	partiel.	total.
Coltinage et mise en chantier des bois.	2	» 50	1 »	
Ajustage, etc.	28	» 50	14 »	
				15 »

Croisements jumeaux.

	NOMBRE d'heures.	de l'unité.	partiel.	total.
Coltinage et mise en chantier des bois	2	» 50	1 50	
Ajustage, rabotage, etc.	52	» 50	26 »	
				27 50

Traversée de voie.

	NOMBRE d'heures.	de l'unité.	partiel.	total.
Coltinage et mise en chantier des bois.	3	» 50	1 50	
Rabotage, etc.	30	» 50	15 »	
				16 50

Pose des voies entre le changement et les croisements extrêmes.

	total.
Coltinage, rabotage avec vis à bois, mise en place des rails, éclissage. Le mètre courant de voie simple.	» 60

De l'ensemble de ces analyses de prix et de la discussion qui forme la première partie de ce mémoire, on peut conclure que le rail Vignole est, de tous les rails, celui qui convient le mieux pour la construction des changements, croisements et traversées de voies, tant sous le rapport du bon établissement de ces appareils, qu'au point de vue de l'économie de leur construction.

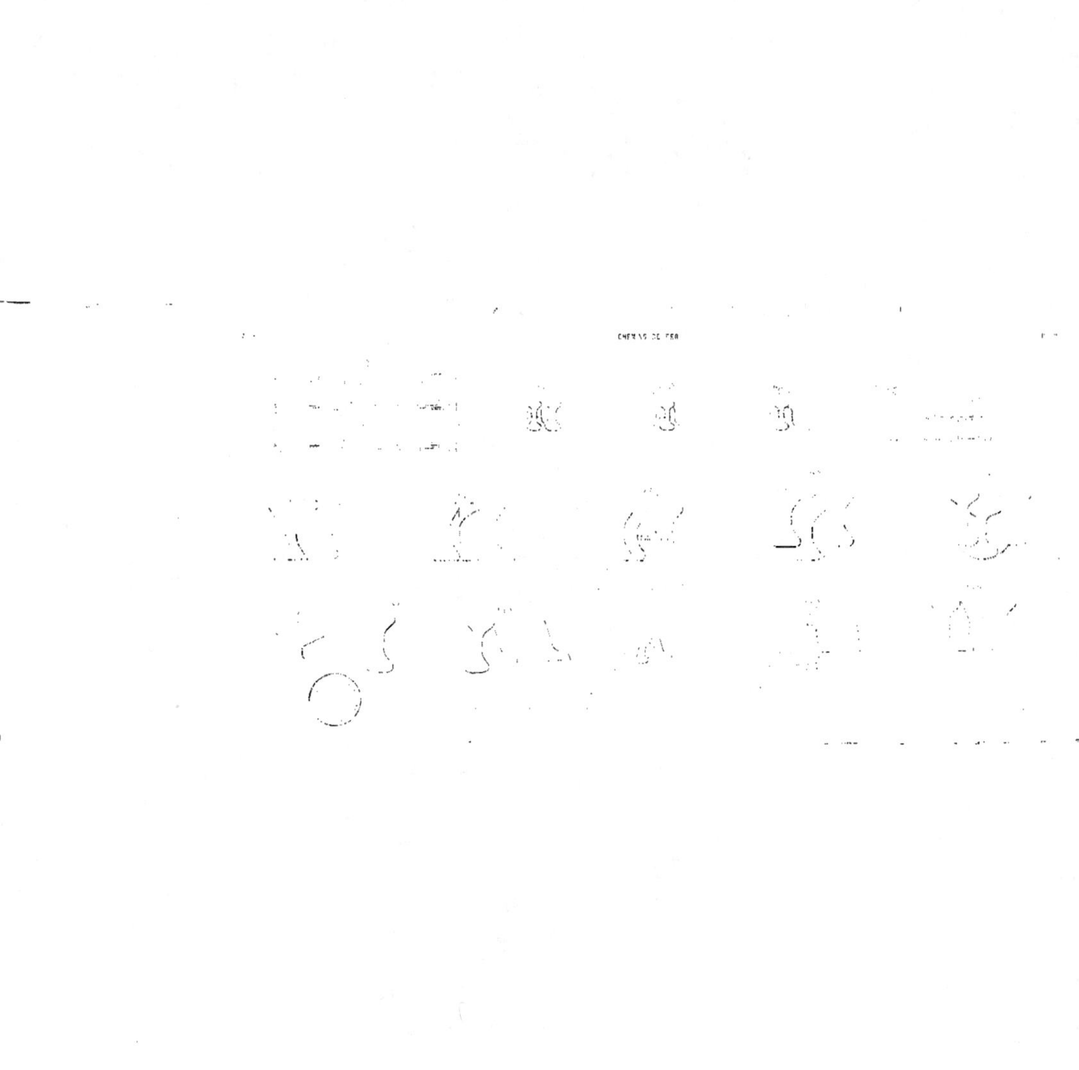